一部全方位的、实用的自我防卫指南
居家、室外、远足、行车、旅行的必备手册

自我防卫手册

王 洋 编译

光明日报出版社

图书在版编目（CIP）数据

自我防卫手册 / 王洋编译 . -- 北京：光明日报出版社，2012.6（2025.1 重印）

ISBN 978-7-5112-2368-5

Ⅰ . 自⋯ Ⅱ . ①王⋯ Ⅲ . ①防身术 – 手册 Ⅳ . ① G852.4–62

中国国家版本馆 CIP 数据核字 (2012) 第 076426 号

自我防卫手册
ZIWO FANGWEI SHOUCE

编　译：王　洋	
责任编辑：李　娟	责任校对：华　胜
封面设计：玥婷设计	封面印制：曹　净

出版发行：光明日报出版社
地　　址：北京市西城区永安路 106 号，100050
电　　话：010-63169890（咨询），010-63131930（邮购）
传　　真：010-63131930
网　　址：http://book.gmw.cn
E – mail：gmrbcbs@gmw.cn
法律顾问：北京市兰台律师事务所龚柳方律师

印　　刷：三河市嵩川印刷有限公司
装　　订：三河市嵩川印刷有限公司
本书如有破损、缺页、装订错误，请与本社联系调换，电话：010-63131930

开　　本：170mm×240mm	
字　　数：150 千字	印　张：9
版　　次：2012 年 6 月第 1 版	印　次：2025 年 1 月第 4 次印刷
书　　号：ISBN 978-7-5112-2368-5	

定　　价：35.00 元

版权所有　翻印必究

前 言

　　如果我们一生都没受过身体伤害，那实在是很幸运的一件事。这个世界充满了危险，然而人类已经学会了如何去适应：我们躲开自然环境，因而我们所处的大部分环境没有野兽，完善而又具有强制性的法律保护我们免受身体伤害。尽管有了这些，但我们最大的敌人仍然是人类自己。无论人类如何进化，其固有的攻击性也不会消失。这并不是什么个体的特性，从某种程度上来说，整个世界都充满了暴力，战争、饥荒、恐怖行动每天充斥在电视节目中。通常这些与我们是没有关系的，除非你是武装部队的一员。但待在家里我们难道就真的安全吗？如果你住在伦敦，那么，受到攻击或家里被盗的概率是25%左右。

　　遇到危险时能自救并不简单，而英国皇家特种部队（SAS）在面对危机时的方法与经验则值得我们学习。英国皇家特种部队世界闻名，他们接受训练以处理极度危险的情况，从事暴力环境中的工作。因而采用特种部队的方法和理念来进行自我防卫成为一种常识，而我们做的就是将这些防卫技巧介绍给普通人，让人们能利用它保护自己。

千万不要将街头斗殴视作一场游戏或者是一种体育活动，认为它有着现代拳击的基本规则。根本就没有任何规则——或者说只有一条规则，那就是逃开或者将对自己和同伴的伤害降到最低程度。你同时必须理解，打架对双方均会造成伤害，而且其结果可能是死亡。保护自己和其他人是你的基本权利，但是无论你用来保护自己的武力多么合理，都必须是合法的——而合法与否要由法庭来判决。在冲突中使用任何暴力都是不正当的，除非你或其他人直接受到暴力的威胁。简单地说，自我防卫技巧只应当用于自我防卫目的，而且必须合法。

这听起来有点糟糕，而且你会问自己这样一个问题——我如何自我保护呢？

一般而言，大多数的打斗时间很短，多数不会超过30秒。所以，如果你身体健壮，就要对自己负责，事先做好防卫准备，那就能赢。但是，在自我防卫之前，还是考虑一下是否可以彻底避免这类情况。没办法保证你的自我防卫技巧永远有效，因为你的对手可能比你动作更快、更强壮（几乎没人向比自己块头更大的人挑衅），而且，他可能还会一点儿武术。

本书介绍的很多知识不仅可用来对付人身攻击，还适用于生活中遇到的其他危险情况。希望能对你有所帮助。

目 录
CONTENTS

第1章 常识 /1

第2章 健壮的体魄 /7
积极的思考 /7
自我生活方式分析 /8
保持身体健康 /10
健康的体魄和自我防卫 /11

第3章 自我防卫的基础知识 /15
身体平衡 /16
"防御"姿势 /17
对身体的保护 /19
肢体武器 /22
用日常物品作武器 /28

第4章 常见的攻击方式 /37
骚乱 /37
抢钱包者和无赖 /38

团伙攻击 /38
暴力犯罪 /39
攻击性武器 /40

第5章　防卫动作 /45

对付正面攻击 /47
对付身后攻击 /50
被迫靠墙时如何自我防卫 /52
倒地后如何自我防卫 /53
踢打 /56
用短棒的技巧 /58
社交场合的自我防卫 /61
将攻击者绑住 /65

第6章　当女性被攻击时 /67

女性及自我防卫 /67
家庭暴力 /69
遇到团伙攻击的情况 /69
遇到尾随情况 /71
遭遇强奸 /74
男性能帮什么忙 /77
恶意电话 /78
私人防护装置 /79

第 7 章 财产的保护 /81
居家的安全防卫 /81
非法闯入的窃贼 /87
家庭火灾 /89
炸弹信件 /91
自然灾害 /92

第 8 章 与车辆相关的安全防护 /95
日常预防 /95
停车 /97
路怒 /98
汽车炸弹 /100

第 9 章 旅行 /101
长途旅行或远足 /101
随身携带的钱 /103
手机 /104
国外旅行 /104
劫持和炸弹事件 /107

第 10 章 动物和昆虫的袭击 /109
狗的攻击 /109
狂犬病 /110
蚊虫叮咬 /111
水中的危险 /115

第 11 章 急救 /117

初步检查 /118

马上采取行动 /120

心肺复苏术（CPR）/121

恢复姿势 /123

窒息 /124

外出血 /126

休克 /130

心跳停止 /132

第1章 常 识

警惕暴力

建议大家对暴力有个正确的认识，虽然暴力事件不是时刻都会发生的，但你必须做的第一件事就是保持警惕。如果你认识到暴力事件随时随地可能发生，那么你避免受到伤害的可能性就会大大增加。

在麻烦出现之前察觉到它是避开麻烦的最佳方法。例如，如果你在乘坐地铁的途中发现车厢里有醉酒的流氓，那就赶快下车或换到另一个车厢，或者干脆换乘下一趟地铁；如果你发现自己成为小酒馆里被攻击的对象，最好赶快离开。

感觉到威胁比实际遇上危险的概率总是要大。总体上来说，我们生活的环境还是比较安全的，而且大多数的公民是遵纪守法的。我们已经习惯了自己的日常生活，习惯了在工作、外出购物或在家的大多数时间碰到相同的人。这让我们形成"生活很正常,没有危险"的意识。只有当我们打破自己的日常生活规律时才会注意到周围的人和事。例如,生活在乡村的人到大城市就容易受到伤害——此时,大脑就自动地提醒你要提高警惕。

自信的外表

你的肢体动作、说话方式以及眼神都表明着自信的程度。人类也是动物的一种,因而像所有的动物一样,不管大小,都学会了识别敌人比自己强还是弱。迈着轻快的步子精神抖擞地走路比戴着耳机闲逛所发出的信号自然要好。如果你身处一个陌生的城市,就尽量和人群走在一起,或者走在某个人旁边,好像你们是一起的。你的穿着打扮是你个性的一部分,但尽量不要过于突出。

自信的外表。

如果你打扮好了并在晚上外出，特别是穿着高跟鞋或影响行动的衣服时，就乘出租车回家或跟同伴一起走。如果有人向你挑衅，你应该采取以下行动。

- 以警觉的姿势站立。
- 听对方说什么。
- 直视他们的眼睛并与他们保持对视。

这样做有两个理由：一是评估你的对手，二是让他知道面对的人并不好惹。

专家提示

在遭遇任何可能的袭击时，说话越少越好。安静和放松的姿态有着戏剧性的效果。当你发现袭击者有放弃的迹象时，应该马上打破对峙局面并离开。不要怕他在背后辱骂你，但要注意听着他是否有追赶的动作。

预先了解所处的环境

如果你在一个小酒馆里喝酒时看见两个醉汉争吵，你是不可能加入的。理由是你已经感到有危险，并希望能与之保持距离。不幸的是，有时候你面临的危险事件是某人对你怀恨在心而设计好针对你的，或者你正好是某个犯罪事件的无辜受害者。

大多数酒后危险事件我们都能事先感觉出来，并可以回避。然而，有计划的犯罪活动通常很隐蔽。歹徒通常守候在安静和黑暗的地方，如公园或偏僻的小巷等地。我们应该预先计划自己的路线以避开这些地方，要走街灯明亮的地方，并且记住，城市的中心地带有连接警察局的闭路监控摄像。

了解自己有受到伤害的可能性，采取措施避免可能的危险情况，这些就是所谓的计划和准备。这是SAS（英国皇家特种部队）队员非常擅长的。在外出执行任务，可能遭遇敌人之前，他们会对意外事故进行研究，并制订周密的计划、做好充分的准备。为了自己的安全，任何人都没有理由不对日常生活提高警惕。

肢体语言

肢体语言以及如何着装在很大程度上展现了一个人的个性。衣服、饰物和着装的品位在很大程度上告诉别人你是什么样的人。例如，某个种类的制服通常暗示着某种权威性——警察、战士、护士等。衣冠楚楚并带着公文包的人通常属于生意人一类。当你下次走在街上时，可以试着猜一下路上的人是干什么的。例如，商人、旅行者、工厂里的工人等。你会惊奇地发现自己大部分的猜测是正确的。

在这样做的同时，评估一下自己的肢体语言。

肢体语言及着装能展现个性。

别人会怎么看你？你走路是不是蹦蹦跳跳的？你的着装是不是在向人说"我穿着整洁，但并不奢华"？你看上去身体健壮吗？这样做能让自己了解自己的状态。不幸的是，侵略性和力量通常是决定冲突结果的两个主要因素，但是良好的状态、对攻击者出其不意的反击和自信心会使你的威慑力大增。面对人身攻击，保护自己是一种自然反应。

分析自己的常规行为

我们很容易就会养成规律的生活习惯：起床、上班、回家、逛酒馆。这本身没什么错，而且在自己熟悉的环境里，它确实还能带来许多好处。例如，如果住在 24 号的老太太几天没见到了，或者她家门口牛奶瓶堆起来了，有人就会注意到，因为常规被打破了。

危险通常发生在我们离开了自己所习惯的环境，而且规律性不存在的时候。这时候的问题就是如何察觉到危险的存在，答案很简单：你感觉自己受到了威胁。在通常情况下，你的身体总是会对危险做出反应。恐惧就像是一个触动装置，它警告你出问题了，告诉你要注意并分析危险。如果你没有保证自己绝对安全的自信，就不要冒生命危险，最好找出更安全的做法。旅行时间长一些并安全到达总比到不了要好。同样，不要在晚上穿越树林，不要走城市里偏僻的小巷，如果看到有人打架或一伙年轻人游玩，一定要离他们远远的，和他们保持安全距离。

攻击者及其动机

攻击者可能是 16~28 岁之间的男性无业游民。他们的主要动机会是钱、嫉妒,也可能是因为他们喝醉了酒或吸食了毒品,或者企图对女性进行性骚扰。至关重要的是能洞察攻击者的目的是什么,以及对自己的真正威胁是什么。例如,如果拦住你的是个街头拦路抢劫者,他可能只是要些值钱的东西,然后就会消失;相反,强奸者要的就多得多,而且在他得到满足之前是不会放你走的,此时投降就是在冒险了。

> **自信是自我防卫的第一步**
>
> 美国自我防卫大师利特南特·华拉德认为"自信是女性自我防卫的首要素质,当女性迈着坚定、大胆的步子昂头往前走,会使歹徒产生畏难心理从而放弃侵害"。
>
> 当你深夜回家,或不得不走在寂静无人的地段,切记不要东张西望、神情畏缩而脚步慌乱。你要把头抬起来,将你的眼神、步态,调整到坚定、无畏,甚至斗志昂扬的状态。女性天生具有表演天赋,此时应该"表演"一回大胆地往前走。万一没表演好,暴露了内心的恐惧,那么面对歹徒,就"高喊和奔跑"(在室内除外)——另一位自我防卫大师肯德罗·赖因沙根如此建议。

第 2 章 健壮的体魄

假设你是一个中年商人，你受到几个歹徒的攻击，那么你打败他们的机会甚微。因为他们可能比你更强壮、动作更快，相反，你可能坐在办公桌后面的时间太长了。即使你是个精通自我防卫技巧的专家，如果你不能逃走或找到帮手，他们仍然有可能因为人多势众而击败你。要打败他们，你必须身体健壮，并且对自己的行动有自信，不然就会被打倒在地。所以，保持健康的身体和健壮的体魄将有助于保护自己的生命。

积极的思考

人们常说，"生活的路就在你自己的脚下"，这一点儿没错，每个人都能激励自己达到自己想要到达的境界。不管你年龄多大，积极思考永远是养成好的生活方式的关键，而健壮的体魄则很大程度上依赖于你的主观态度。决心是主要的因素。对于一个普通的 SAS 队员来说，通过选拔的决心和他能走多远都与他体魄健壮与否有着直接的关系。那些通过选拔的队员所拥有的健壮体魄很少能在世上其他地方发现。另外，一旦入伍，SAS 的生活方式将继续锻炼他的身体。这样，他就能保持头脑敏锐、身体健康，并且对生活充满乐观情绪。积极的主观意识和健康体魄通常会让人感到能掌握自己的命运，而这正是形成自信心的一个重要因素。

自我生活方式分析

生活方式是你对身体健康的期望中一个主要的部分。你知道自己的身体有多结实吗？普通的 SAS 队员都知道这点：他通过与战友的比较将自己归入某个级别，你也应该这样做。这意味着你应该检查自己的家庭生活、日常工作和饮食等各方面。回答以下几个问题。

- 你每天是否喝超过1000毫升的啤酒或酒精饮料？
- 你有高血压吗？
- 你的饮食中是否经常含有高脂肪的食品？
- 你的体重与你的身高相匹配吗？
- 你吸烟吗？
- 你做身体锻炼吗？
- 你吸食毒品吗？
- 你是否在危险的环境中工作？

- 你的邻居中是否有人有暴力倾向？
- 你是否每天开车？

如果你发现自己的答案不能令自己满意，那就采取一些行动吧。计划慢慢做一些改变，可以一次只解决一个问题。可以选择从饮食、吸烟、喝酒或身体锻炼中的任何一个开始，然后在开始时给自己制定一个容易达到的目标。当你选择身体锻炼项目时，要注意自己的年龄、性别和目前健康状况所允许的范围，以及所有对你应该做什么和如何做产生影响的因素。

不同年龄的生活方式指南

18~25 岁：在这个年龄段，人的身体处于巅峰状态。此时，你开始体验社会生活，处理社会关系并开始理解社会的各个方面的联系。对于男性来说，这是一个危险的年龄段。他无论在家里、工作中，还是在休闲时，都会冒险。事实上，对于这个年龄段的男性来说，第一杀手是车祸。处于这个年龄段的女性往往对自己要负责得多、对社会关系更重视，并且会更迅速地做出个人生涯的决断。

26~36 岁：处于这个年龄段的男性心理成熟度开始赶上女性。随着成家立业、娶妻生子以及稳定的工作节奏和对家庭的负责，年轻男性的急躁、激进日渐被平凡的日常生活和家庭琐碎事务所代替。而对于女性来说，这个阶段却是一个危险期，生孩子、生病和家庭危机可能给她们带来沉重的压力。

37~45 岁：处于这个年龄段的男性大多数已经成熟，并且生活比较安逸，饮酒量通常会因为社会地位而增长，患心脏病的概率开始增高，身体对热量的需求开始减少。处于这个年龄段的女性大都不会有再要一个孩子的想法，因而这是回顾一下自己整体的生活方式的重要时期。你应该养成一个良好的、有益于身体健康的锻炼习惯，不管是跑步、游泳，还是像高尔夫或壁球一类更具社交意义的活动。

46~60岁：自此时开始，心脏病成为最大的威胁。但是，如果你能经常锻炼，并不再像自己还是21岁那样行动，那么仍然可以改善自己的生活方式。像长距离散步、侍弄花草一类的活动，以及保持合理的饮食，都有助于保持健康。要保持健康的心情，享受生活。对于女性，更年期可能会带来生理和心理上的问题。

60岁以上：尽情享受生活。保持合理的饮食并每天锻炼，花时间和伴侣交谈、回忆一起生活的细节、计划访问老朋友，扮演好祖父母的角色，教育年轻一代。重要的是要心情愉快以及保持年轻的心态。不要逞强：如果需要帮助，那就说出来，毕竟每个人都有老的一天。

> "我认识一位35岁的女性，她在一家国际制药公司工作。每个见过她的人都会最先注意到她清澈的双眼以及她桃子般的肌肤。我问她怎么能保持如此美丽，她的回答很简单：'你吃什么就像什么。'她实际上以水果为食。"
> ——SAS"最佳教官"巴里·戴维斯

保持身体健康

我们都希望保持身体健康并长寿。假设你没有遇到什么大的事故，而且如果你决心正确对待自己的身体健康状况，就没有理由达不到目标。养成有利于身体健康的生活方式和习惯必须成为你生活的一部分，而你开始得越早，身体反应就越好。健康的身体就如同保养得很好的汽车：它运转更正常、性能更可靠，而且更经久耐用。

身体健康不仅有助于你控制体重，而且有充分证据证明，身体健康者患当今折磨我们的致命疾病（如心脏病）的可能性较小。保持身体健康有助于使你更长久地享受生活、感觉更好、体力更加充沛，而且你个人的整体形象要好得多。

健康的体魄和自我防卫

从许多方面来看，保持身体健康有助于保护自己的生命，而且这两者与你如何应付压力有着直接的联系。

压力

当我们处于一些需要用体力和脑力的情况下，如一些已经预见到要发生的事情（不一定就是不好的事情），或者像不合脚的新鞋伤脚之类的微不足道的麻烦事，就会产生紧张情绪。我们的性格就是在紧张情绪以及对它的处理中形成的。

压力并非完全不好，特别

积极锻炼身体，保持身体健康。

是当我们受到威胁时，压力能使身体出现"战或逃"的应激状态。

身体的应激状态：
- 肌肉紧张，而且我们的条件反射动作会对攻击者起到阻挡作用。
- 呼吸频率加快，为肌肉注入更多氧分。
- 血液中的糖分分解以提供能量。
- 心跳加速，从而为肌肉提供更多血液。
- 皮肤出汗，以便迅速为因为动起来而过分升温的身体降温。

在危险消除之前，身体会保持紧张状态。长时间的紧张可能会导致身体机能产生令人讨厌的变化，而健康结实的身体是避免这些的必要条件。

速度和出其不意的价值

任何一个 SAS 队员都会告诉你，部队里时时采用的两大武器就是速度和出其不意。坚持身体强度训练以及各种自我防卫技巧的练习直到精通，会极大地提高你的速度并缩短反应时间。

另一方面，发自内心的自信以及健壮的外表将赋予你出其不意的最重要的要素。任何一个攻击者通常只挑比自己瘦弱或个子比自己小的对象攻击，认为这样自己取胜的概率会很大。以自信的态度面对他可以让他感到吃惊，做好保护自己的准备也会让他感到吃惊。如果搏斗在所难免，最好的就是出其不意地首先发起攻击，这会让他感到吃惊，并思考是否要继续袭击你。

呼吸

如果你卷入冲突事件中，不管是争吵还是搏斗，你会发现自己的脉搏加快，并且呼吸变得不稳定。这是因为你的身体防御系统正在为突然行动做准备——我们通常称之为恐惧。使呼吸保持稳定是在紧张情况下保持镇静的好办法，以下是控制呼吸的一个很好的技巧。

① 长呼一口气，然后慢慢吸气，数到10。
② 用同样的方法数到10，呼气。
③ 重复3次。

此练习有神奇的效果，特别是针对那些感到恐慌的人。

> "几年前，几个朋友在我生日时送给了我一个练拳击的沙袋和一套拳击手套。他们买这个礼物给我其实是开玩笑，而不是真想让我用它们，但我真的用了。我把一条旧的羽毛被塞进袋子里，然后把它挂在了车库里。我发现用它锻炼效果很好，而且有助于提高自己的防卫技巧。最主要的是它改善了我的呼吸，因为经常性的锻炼可以改善呼吸。现在我理解了为什么拳击手能那么长时间地站着。"
>
> ——巴里·戴维斯

经常锻炼有助于延长身体的呼吸极限。如果说我在SAS的工作经历中发现了一些与身体健康有关的东西的话，那就是身体需要新鲜空气。没有一个SAS队员能比完成选拔那天更结实——他真的是容光焕发，其原因就是SAS队员们在翻山越岭时被迫增大了呼吸量。新鲜空气滋养了血液，而血液又滋养了肌肉和大脑。

经常锻炼有助于延长呼吸极限。

因此，应该挤出时间，至少1周在户外锻炼4次。要根据自己的年龄和身体状况选择合适的运动强度，不过要将时间控制在1个小时之内。一旦达到了标准运动量，就可以每次稍微强迫自己多运动一会儿以达到轻微的改善。可以先步行上坡，然后慢跑下坡，但不要真的跑起来。尽量保留一点儿体力。每周1次，譬如星期天上午，把散步或跑步的路程延长1倍。如果走路时关节会疼痛，那就试试骑自行车。

如果天气不好，不能去户外，那就在家里做一些锻炼。如果你想要保持身体健康，并且喜欢自我防卫术，那就买个拳击沙袋和一副拳击手套，把自我防卫术和拳击结合起来，帮助自己控制呼吸。然后练上半小时的自我防卫术，而不只是打沙袋出气。

- 5分钟跳绳热身。
- 10分钟拳击练习。别着急，先踱踱步。
- 5分钟跳绳。
- 5分钟快速拳击。
- 用脚尖快速跳绳5分钟。
- 每做完一组身体锻炼后放松几分钟。

第 3 章 自我防卫的基础知识

麻烦和纠纷的起因通常为下面两种情况：你已经卷入一场争吵，不管是自己的还是别人的；一个或几个人预谋好了攻击你。在第一种情况下，你应该同对方进行有条理的讨论，这样自己就能安然脱身，即使这意味着吵输了也没关系。只有当双方都因为自负、骄傲和固执而不肯做出足够的让步以缓和局势时，才会发生打斗。这些冲突很少会导致严重的伤害，而且对人尊重的常识能够防止事情太过火。只有当争吵开始后，其中某个参与者过于兴奋，情况才会难于控制。

完全喝醉了的人动手的可能要比动嘴小，因为酒精会使他动作迟缓并失去方向感。真正危险的是那些喝多了的人，他们的理智受到酒精的影响，但是行动能力却还没有受到太大影响。如果你试图置身事外，他可能会认为这是软弱的表示，然后突然向你扑来。这时候你就只能被迫自我防卫了。

蓄意攻击通常是因为对人缺乏尊重、不够成熟、兴奋、酒精过量，或者更有可能是因为有利可图而引发的。许多蓄意攻击会使受害者受伤，甚至致死。避免受到这种攻击的秘诀是提高警惕和有所准备。提高警惕应该能消除袭击者出其不意袭击你的可能，而有所准备将有助于自我防卫。

在任何冲突情况下，都应保持冷静并做好准备。永远不要让自己正当合理的行为被误认为是软弱。用自信的外表缓和局势，同时找好退路。记住，如果你的对手已经喝得烂醉，他跑不了多远就会上气不接下气。如果一场打斗看上去在所难免，那么就先下手为强，动作要迅速并且要把吃奶的力气都用上。

身体平衡

武术，不管其形式是什么，都依赖于一个简单的因素：身体平衡。我们必须学会征服任何敌手所必需的技巧。

关于这点，有一条重要的原则。
- 身体失去平衡就没办法发力。

保持身体平衡

要发挥身体的力量，就必须保持身体平衡。因为如果身体的姿势不对，并且因此而失去平衡，那么徒手搏斗靠的就纯粹是肌肉力量了,因而赢的就是身体强壮的一方。

要战胜比自己身体强壮的人就必须采取积极的态度,它将使你摆好预先训练过的"防御"站立姿势。这种姿势会让你的身体自动地处于平衡状态,从而可以充分发挥身体的力量。"防御"姿势将在后面谈到。

使攻击者的身体失去平衡

你的另一个主要目标就是使攻击者的身体失去平衡。他可能会被推得向后倾、拉得向前倾、左右摇摆,但是髋关节和膝关节的构造让他只要简单地随着身体的移动而移动脚步,就可以恢复身体平衡。

然而,如果他受到斜向的推拉,身体就会立刻失去平衡(这是因为膝关节不能承受斜向的力)。因而攻击者的双腿会立刻变得僵硬,其中一条腿不得不走交叉步以保持身体的站立姿势。要阻止攻击者的攻击并牢牢把握自己的优势,就必须使攻击者身体失去平衡,同时自己却能保持身体平衡姿势。

"防御"姿势

右图中的"防御"姿势是所有 SAS 新队员在自我防卫课上学到的第一个格斗动作。这不是

"防御"姿势。

个复杂动作，只是像拳击手一样站立和移动。

按以下要领采取"防御"姿势。

- 面向对手站立。
- 双脚分开，与肩同宽。
- 一条腿稍微靠前，双膝弯曲。
- 双肘收拢，抬起双手保护面部和颈部。

最好对着一面大镜子来练习这个动作：站立时放松，然后轻轻一跳，落地时成"防御"姿势。身体不要僵硬，尽量保持放松状态。告诉自己这是轻松的一跳。

"防御"姿势之后的动作

首先使用自己的双手：挥起自己惯用的那只手做格挡动作，同时自动地将另一只手放在自己眼睛下方的前方。这样能保护自己的嘴和鼻子，却又不会影响自己的视线。

接着，假设有人将用拳头击打你的肚子。保持姿势，收紧肘部并从腰部发力扭肩，转动身体避开对方的击打动作。你会发现这让你的前臂处于保护你免受击打的状态，

利用"防御"姿势躲避击打（图中左侧为防御者）：左前臂向上抬起挡开对方击打的手臂，同时右手保护面部免受随后的击打，或者回击没有防卫动作的攻击者。自始至终保持身体的平衡。

而无须移动脚步或失去身体平衡。

要练习自己的身体平衡，需要在地上移动，首先一脚向后滑动，然后另一只脚迅速后撤。要练到不管自己如何移动，都能立刻停下来并且保持身体平衡。脚步移动不能拖沓，动作要干净利落。

双脚的动作要流畅。脚不要抬得过高，除非你想踢腿。双腿不要交叉，否则身体就不能保持平衡。朝着攻击相反的方向移动。和同伴一起练习"防御"姿势以及随后的动作，或者对着沙袋练习。

对身体的保护

人体完全可以承受击打，甚至是可怕的攻击。在遭到攻击时，我们必须保护身体最容易受伤的部位。相反，当你被迫面对攻击者并必须还击时，了解哪些部位是人体最容易受伤的部位是有用的。

身体容易受伤的部位

人体有许多容易受伤的部位，这些部位可以成为你正当防卫时合

适的攻击目标。左图中显示的是你击打时应该选择的一些主要部位。

眼睛

　　人如果没了眼睛，将会十分无助。对攻击者眼睛的攻击，会导致他暂时甚至永远失明，可以为自己创造逃走的机会。注意：这种自我防卫方式只有在迫不得已的情况下才可以使用。例如，当你受到致命的危险时，或者阻止如强奸一类的严重事件时。

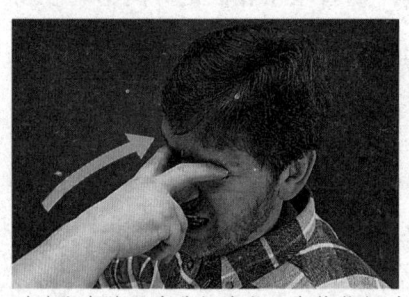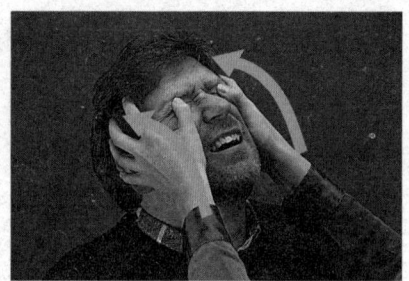

对攻击者的眼睛进行攻击，会使他暂时甚至永久失明（上面两图）。

耳朵

　　攻击者的耳朵是很好的攻击目标，你可以狠狠地去咬。如果你受到攻击，用牙齿狠咬攻击者的耳垂可能会使他因为痛楚而放弃对你的攻击。尖利的长指甲插进攻击者的耳朵内也会造成剧烈的疼痛。开掌合击攻击者的双耳会使他的头部出现麻木感，并且众所周知，这会使被打的人失去知觉。

鼻子

　　像耳朵一样，鼻子是一个突出的部位，所以它也就成了你牙咬或拳击的好目标。使用足够的力量可以使攻击者中断对你的攻击。任何向上的击打都会使攻击者抬头，暴露出颈部让你攻击。像耳朵一样，尖利的指甲插进鼻孔是会令人感到非常疼痛的。

颈部和咽喉

颈部和咽喉是非常容易受伤的区域，因为大多数维系我们生命的血管和气管都在这个位置。供应大脑的两条主动脉就在颈部两侧的浅表皮肤之下，损伤任何一条血管都会导致死亡。咽喉部位下的气管同样容易受损，轻轻一击就能使攻击者丧失攻击能力，让你有时间逃跑。对攻击者后颈部的用力一击也会导致他暂时昏厥。

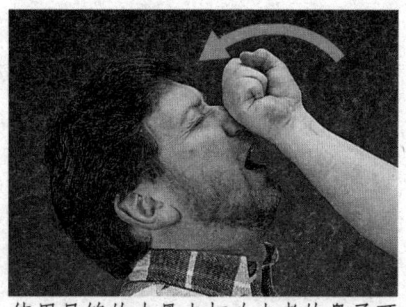
使用足够的力量击打攻击者的鼻子可以使他中断对你的攻击。

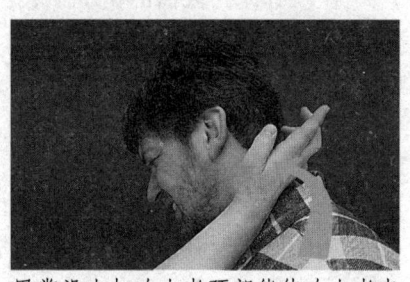
用掌沿击打攻击者颈部能使攻击者丧失攻击能力。

腹部

瞄准胸骨末端钩心击出一拳将会对任何攻击者造成毁灭性的效果。同样，对准攻击者胃部用力一击几乎会让他喘不过气来。

睾丸

对腹股沟的拳打脚踢会让女性受伤，而它给男性带来的疼痛更会成倍增加。另一种可能性是抓住男性攻击者的睾丸，然后一扭。虽然这个过程让人觉得很恶心，但它能对攻击者造成最有力的一击。

抓住男性攻击者的睾丸，然后一扭，是最有效的自我防卫方式之一。

大腿以下部位

对准腘窝的击打保证能阻止攻击者追赶你。当你被熊抱或从后面抓牢时,大腿也是脚踢的一个好目标。用力踩攻击者的脚趾也会收到很好的效果。

肢体武器

在没有任何武器的情况下,你必须将肢体作为武器来自我防卫。根据情况选择合适的速度和力度,当你决定击打时,用上自己所能集聚的所有力量。记住:首先采取"防御"姿势,并想好自己的动作。

毁灭性的一击

如果你已经使攻击者身体失去平衡,并且通过这样做让他无法防范你的攻击,最好立即采取后续行动。你的首次防卫会让攻击者重新考虑攻击你的动作,一定要好好利用这点,然后用狠狠一击收场。先评估一下他的状况,推测一下他的下一步行动,然后在他恢复之前行动。

成功的秘诀

如果运用得当,"毁灭性的一击"能让你脱离大多数的困境。以下几条提示有助于你提高自己的防卫能力。

- 准确地计算自己出击的有利时机,在攻击者身体失去平衡时,给他又快、又狠、又准的一击。这个动作在没有对手时也可以练习(可以使用拳击沙袋)。

- 学会将对手一拳击倒。也许这并不是对每个人都管用,但是它能让攻击者停顿一下。正如我之前所说的,大多数的街头袭击只持续几秒钟,所以,击中攻击者一次可能会让他停止攻击你,然后寻找更容易得手的对象下手。击中攻击者一次并不需要你有很大的力气,而仅仅依靠灵活、速度和节奏而已。

- 短促的猛击:紧握拳头,在伸展肘部之前先自肩部转臂。瞄准实际接触点后方一点用最大的力量击出。不要用摆拳,出拳要快、猛、狠。

击打

- 如果对手倒在地上,就用脚踢他的膝盖或踩他的睾丸。你的目的应该是让攻击者丧失进攻能力并阻止他追赶自己。

- 如果他还处于站立姿势,而且你稍微有点背向着他,你可能正好处于非常有利的位置,给他的胃部一记狠命的肘击。

- 如果他正对着你,而且面部距离你不远,就用掌沿击打他的颈侧。动作要猛,手要伸直,手臂自肘部弯曲成直角。这样,你的手臂和手就能像镰刀一样挥动。这一动作同样可以瞄准攻击者的太阳穴,不过这时要使用拳背来击打。

尖叫

声音作为你的"兵器库"里的一种武器,其威力常常会被忽视。最起码,对着攻击者尖叫可以使他吃惊或失去勇气(还可能引起周围人的注意,带来帮助)。而且,如果与你的攻击相配合,尖叫还能给

尖叫是女性受到威胁时的一个有力武器。

你的击打动作增加额外的动力,有助于你集中自己所有的能量。对于女性来说,这是在受到威胁情况下特别有效的一个武器。

正确握拳姿势。

拳

警告:当某人受到攻击时,他的本能反应就是用拳回击。尽量避免使用这种技巧。如果你打到的是硬的目标,如攻击者的头部,你的指关节或手指的骨头可能就会骨折,这很容易使你受伤。如果你一定要用拳击打攻击者,要确保你瞄准的是柔软的目标,如胃部。而且,运用手掌击打的技巧,如掌沿击打,效果更好且更安全。

正确出拳姿势。

如果你必须用拳,那就学一下如何正确使用拳头吧。如果你的握拳姿势不对,你自己受伤的可能性会比击伤攻击者的可能性更大。正确的握拳方法是,四根手指向手掌蜷拢,大拇指紧贴在它们上面。不要将手指蜷拢在大拇指上或伸着小指。拳头打出去的时候,手腕要"锁住",并且前臂与掌指关节呈一条直线。不要收臂后再出拳,因为这个动作会暴露你的意图,使你的击打动作失去作用。出拳的力量应当来自腿部和扭腰发力。

开掌

不管是从前面还是从后面用张开的手掌同时抽击耳部,都会

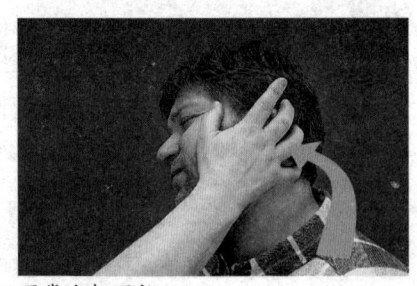
开掌击打耳部。

对攻击者造成伤害。砍击颈侧或后颈部也非常有效。如果攻击者年龄很小或已经上了年纪,可改为猛抽一记耳光。

掌根

可以用掌根猛击攻击者的下巴,此时应该身体前倾,全身发力。如果是正面进攻攻击者,要张开手指,瞄准他的眼睛。如果是背后进攻攻击者,可瞄准他发际下面一点的后颈部使劲猛推,当攻击者头部猛地向前一低时,抓住他的头发,然后猛地向后拉。只要你用的是掌根,自己的手受伤的可能性就较小。

用掌根反击。

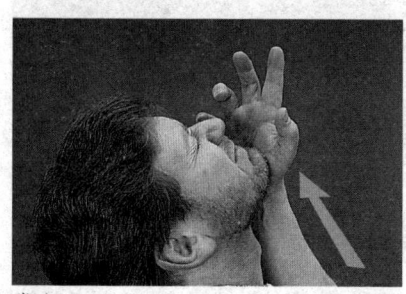
掌击下巴。

掌沿

掌沿击打使用的是手掌的外缘,即小指一侧。四指伸直,大拇指与其他手指并拢。手臂在击打时始终保持弯曲。自肘部发出砍击动作,借助身体重量发力。无论用哪只手下切或斜击,手掌挥出时手背始终向下。

肘

当你侧对或背对攻击者时,肘是一个威力强大的武器。用肘顶攻击者的胃部几乎一定可以将攻击者击倒在地。如果你被击倒在地，那就试试用肘顶他的睾丸。用肘连击攻击者可以让你脱身，并有时间逃跑。

用肘做武器。

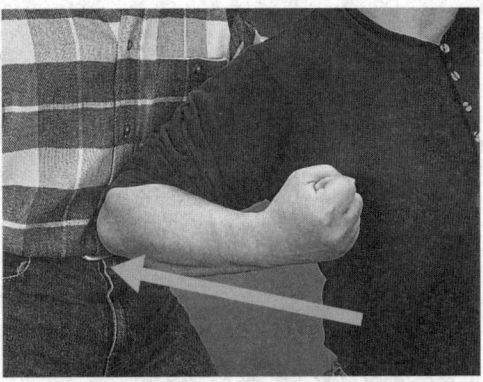

肘击胃部。用另一只手推握起来的拳头可以增加肘击的力量。

膝盖

虽然膝盖是人体最有威力的武器之一，但它的动作受到限制，局限于人体的下半部分。然而，如果针对的是睾丸，它所产生的极大的冲击力可以造成重伤，如果瞄准的是攻击者的大腿外侧，就会使他的大腿麻木。

用膝盖顶攻击者的腹股沟。

对腰已经弯下来的袭击者使用膝顶也能取得很好的效果，例如，作为上一次击打的后续动作，用膝顶他的头部或肚子。

脚

脚踢和拳击的效果是相同的，而且运用起来难度也差不多。脚踢的部位最好是攻击者的腰部以下，除非你受过特殊训练。另外，要记住，在你抬脚的一刹那，你也失去了身体平衡。虽然有一些例外，但一般情况下穿着鞋时应该使用侧踢。这样做的原因是可以使打击力更大，而且如果需要的话，可以踢得更远。

用脚尖踢膝盖下方能有效地阻止攻击者的进攻。

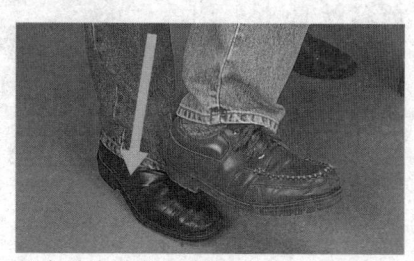

用力踩攻击者的脚背。

脚后跟

如果有人从后面抓住你，脚后跟就是一个不错的武器。用力踩攻击者的脚背或连续踩他的脚。另一个有效的方法是用脚后跟踢他的脚踝骨。

牙齿

用牙齿咬攻击者身体的任何部位都能给他带来巨大的疼痛和不适。能咬到耳朵和鼻子最好，

用牙咬攻击者的耳朵能给他带来巨大的疼痛感。

咬不到的话，他身体任何暴露在外的皮肤都行。如果咬的是敌人的皮肤，最好只用牙齿咬住一丁点儿，这样他的疼痛感就会大大加剧。

警告：在咬攻击者的时候不要让他的血液流入你嘴里，以防止HIV病毒感染（可能性很小）。

头

如果有人从正面抓住你，那就向前猛然低头，用前额上部撞击攻击者的鼻子或嘴唇。如果有人从后面抓住你，那就用后脑做同样的动作。

用头顶攻击者的面部是非常有效的。如果攻击者比你高得多，那就试试顶他的腹部。

用日常物品作武器

烟灰缸

在公共建筑物内通常有大量的烟灰缸，其中有些会装满烟灰。可以把烟灰撒向攻击者的脸上，然后再将烟灰缸砸过去。大多数的烟灰缸是圆形的，因而除了重量的差别，还可以被当作飞盘来投掷。

棒球棒

家里有根棒球棒是一回事，带着它上街是另一回事。多年以来，许多暴徒都喜欢用球棒做武器。在任何事件当中，瞄准的时候都要小心一点，因为用球棒很容易将攻击者打死。如果你发现自己受到歹徒袭击，而你手上正好有根球棒，最好用球棒打他的手和脚，不要打他的头。

浴巾

浴巾作为武器有许多种使用方式。最好是湿的浴巾，因为这样能使击打的力更强。浴巾的使用方法之一是当鞭子，这在抽击攻击者的眼睛和面部时特别有效。把浴巾对折拧成短棒也是一件用来击打的好武器。小毛巾可以裹块肥皂来增加重量。

皮带

任何带金属扣的皮带都能成为一件防卫的好武器。把皮带的一头在手上绕几圈，然后把它当鞭子甩。集中攻击攻击者暴露在外的部位，如脸部、颈部。

自行车

如果你是在骑自行车时受到攻击，且无法逃跑，就把自行车当作盾牌，就像用椅子一样（见下文）。自行车的打气筒用起来也像手杖一样称手。如果可能的话，可以将自行车链条卸下，作为武器。

开水

这是当你在自己家里受到攻击时的一件很好的防卫武器。将烫的或烧开的液体泼到攻击者的面部可以给你争取到足够的逃跑时间。这种液体可能是一杯热咖啡或茶，甚至是热汤。

鞋

你所有的鞋都应该穿着很舒服，同时也很结实。脚踢是你的基本防卫动作之一，但穿着凉鞋可别想能踢伤攻击者。只要穿的靴子或其他鞋是结实的，那么踢哪儿都能对攻击者造成伤害。把攻击的目标集中在攻击者的大腿上。

高跟鞋是非常好的自我防卫武器。

> **专家提示**
>
> 当你要去某些地方时，要精心挑选自己穿的鞋。通常而言，应选择既适宜踢打，又轻巧以适宜奔跑的鞋。

瓶子

危急时刻瓶子可以有多种用法。不要把瓶底砸掉，因为这通常可能会把整个瓶子完全砸烂。可以把它当棍子使，击打攻击者的头部或太阳穴。用瓶子击打他身体的关节部位，如肘部和膝部，也特别有效。

扫帚

在家里遇到攻击者时可以使用任何种类的扫帚来自我防卫。头部是木头的大扫帚可以当马球棒来用，也可以用扫帚刷捅攻击者的脸部。

用扫帚刷突袭攻击者的脸部是个不错的主意。

椅子

家用椅子也是非常有用的武器。一只手抓住椅背，另一只手抓住椅子的前部。如果在家里遭到攻击，就用椅子把攻击者逼入死角，直到你处于离逃脱路线最近的位置。如果攻击者有刀，就用椅子来还击。椅子的椅座部分可以当盾牌，椅子腿可以用来戳攻击者的头部和胸部。

打火机

如果你发现自己被身体强壮的攻击者按住不能动弹，或被他从后面抓住，但有个打火机触手可及，那就用它吧。即使他把你抓得牢牢的，看见火苗也会放开你。一旦你脱身了，就攥住打火机，手握成拳击打攻击者的太阳穴。

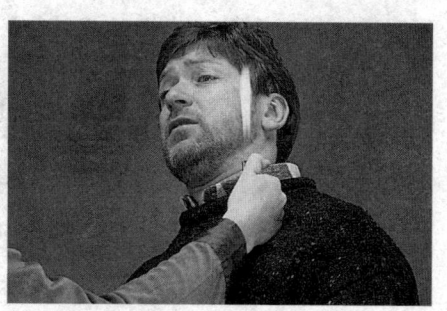

打火机的火苗会使攻击者放开你。

外套

外套与其说是武器，不如说是盾牌。如果你在街上受到攻击，那就脱下外套，然后像斗牛士一样使用它。把外套甩到攻击者的头上可能只能给自己争取几秒钟的时间，但不穿外套跑起来肯定能快一些。

硬币

手里握着盛有硬币的口袋并攥紧拳头可以使击打的力大大增

强。另外，把几枚硬币扎在手帕或围巾的角上就能做成一根非常有效的短棒。用它来甩击攻击者的太阳穴或整个头部。

梳子

用梳子或毛刷快速地在攻击者的眼睛上刷一下会使他感到不舒服。同样，刮擦攻击者的皮肤也能让他把你松开。有些梳子的把又尖又长，像老鼠尾巴，可以用来刺攻击者。

除臭剂或喷发胶

许多妇女的手提包里会带着喷雾罐。遇到危险时可以把它直接喷到攻击者的脸部。用喷发胶喷攻击者的眼睛非常有效，或者直接喷进他的嘴里或鼻孔里也行。

警告：有些介绍自我防卫的书籍提倡用打火机点燃从喷雾罐里喷出的东西。这很有效，但也非常危险，因为喷雾罐有50%的可能会在你手上爆炸。

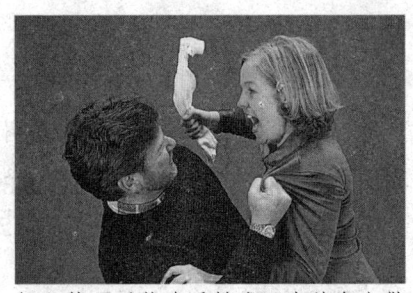
把几枚硬币扎在手帕或围巾的角上做成短棒。

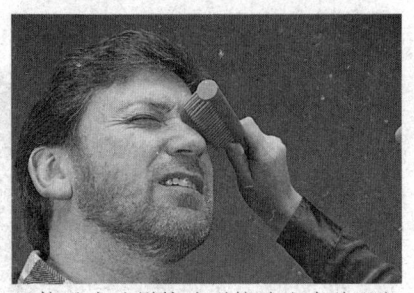
用梳子或毛刷快速刮擦攻击者的眼部会使他感到不舒服。

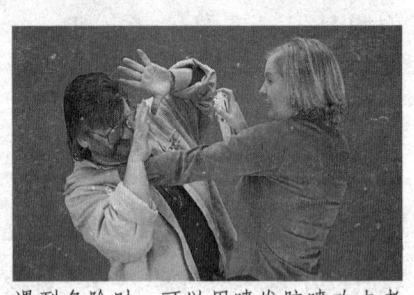
遇到危险时，可以用喷发胶喷攻击者的脸部，尤其是眼睛。

书桌上的东西

家里或办公室里用来开信封的东西是完全合法的东西。选一把坚固、握把结实、已经开刃儿的小刀来用。危急关头可以把它当刀来用。同样，用分量重的玻璃镇纸砸攻击者也能让他受重伤。

灭火器

大多数家庭或办公室里现在都有几个灭火器。可以将里面的压缩物喷到攻击者的脸上，弄瞎他的眼。一旦攻击者睁不开眼，你就有机会逃跑了，如果条件成熟的话，就紧接着用金属瓶砸他的头。

高尔夫球杆

虽然不大可能有人在高尔夫球场上受到袭击，但在车上或家里放着的高尔夫球杆会是一件非常有用的武器。可以握住球杆的握把甩击攻击者的头部或手。球杆的击打距离较长，因而也就可以避开刀的攻击。只要应用得当，高尔夫球杆可以抵挡除了枪以外的大多数武器的攻击。

电源线

家里的大多数水壶或咖啡机都有根 1 米长的电源线。在危急情况下，可以拔下电源线当武器。抓住插电器的那头，然后用插头甩击攻击者，用它砸攻击者的头部特别有效。这招在办公室同样

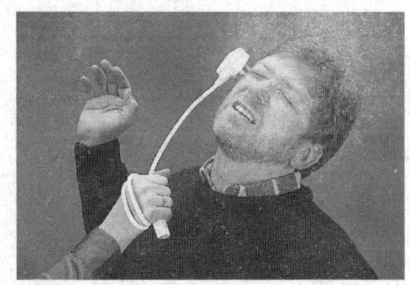

危急时刻，可以拔下电源线当作武器。

可以用，如电脑和打印机的连线。

钥匙

大多数人都带有一串钥匙。把钥匙链握在手掌里，让钥匙在指缝间凸出。这就成了一个非常有效的指关节套，可直接击打攻击者头部和颈部的致命处。

> "我的汽车钥匙带有一个小塑料棒，它不但可以防止我把钥匙弄丢，而且也是一件方便的自我防卫武器。"
>
> ——巴里·戴维斯

杂志或报纸

把杂志卷成短棒，然后抓住中部，可以用它向前刺或向后刺。如果打算击打攻击者的头部，就握住"短棒"的尾端。卷起来的报纸也是对付持刀攻击的一件很好的防卫武器。

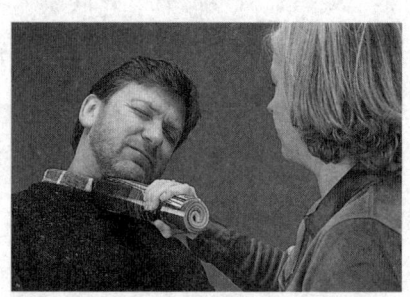

将杂志卷起来，用它刺攻击者的颈部。

笔

大多数种类的笔都有尖头，这就意味着如果用它戳人的话，能刺穿皮肤。遇到危险时，可以

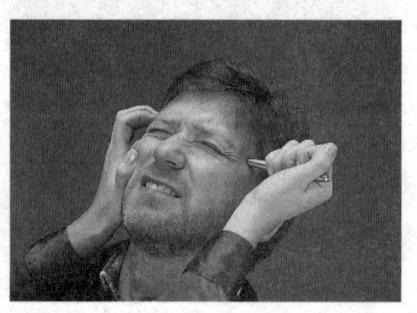

遇到危险时，可以把笔当刀使，用来戳攻击者的头部、颈部等处。

把笔当刀使，对准攻击者暴露在外的身体部位，如颈部、手腕和太阳穴。戳得越狠，效果就越好。

胡椒粉和咖喱粉

在家里受到袭击时，胡椒粉和咖喱粉都是很好的武器。在紧急情况下，可把干粉直接撒向攻击者的面部。有一个更好的主意，就是在浇花的喷壶里灌上这两种成分的水溶液。两样东西各取 50 克，加入 250 毫升的热水就行了。把它放上几天，每天早晨使劲摇几下（用洗衣粉也行）。将此液体放在一个安全但又触手可及的地方。但一定要放在孩子拿不到的地方。

火钳

火钳是一件好武器，历史上它就曾经是对付普通飞贼的武器。将火钳挥动起来，对准攻击者身体上没有肌肉的部位（如手腕和肘部）实施击打。但在击打头部时要小心，因为铁铸的火钳可能会打死人。

石头和泥土

如果你是在户外受到袭击，朝攻击者扔石头有助于使他和你保持距离。如果他接近了，可以抓把土或沙子扔到攻击者的脸上，这能让他暂时睁不开眼睛。

剪刀和螺丝刀

大多数家庭中都能找到这类东西。即使是在手提包里带上一把剪刀也是合法的，而任何车上一般都会有把螺丝刀。使用它们自我防卫非常方便，就像用刀一样。

袜子

虽然听起来似乎有点儿荒唐，但是实际上袜子可以做成非常有用的"短棍"。在袜子里装满沙子、碎石或泥土即可，如果是在家里或街上，就将硬币装入其中。把它甩起来，就像使用短棍一样猛击攻击者的头部。

手电筒

夜里走路带上一支手电筒或手电棒是一个生活常识。另外，在家里不同地方也应该放上手电筒以备不时之需。虽然磁力手电筒价格昂贵，但非常好用，而且还是一件方便的武器（SAS队员已经用了好多年了）。在受到攻击时，可以把手电筒当锤子或棍棒来用。

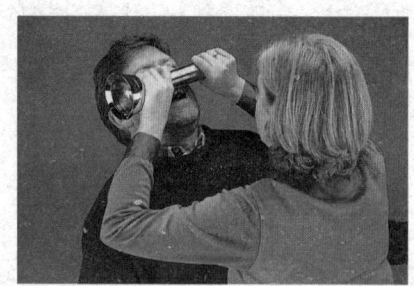

遭人攻击时，可以把手电筒当作锤子来用。

手杖

虽然并非所有年龄的徒步旅行者都会带根手杖，但它是上了年纪的人自我防卫的好武器。手杖最好有一个重的装饰把，金属包头，实木杖身。可以把手杖当剑使，砍、戳攻击者的头部和腹部，狠狠地砍击他的手腕。这在对付持刀或瓶子的攻击者时非常有效。如果能狠狠地打到攻击者的膝盖，就足以阻止他追赶你。在手杖上装个皮带扣套在手腕上是个好主意。

第4章 常见的攻击方式

骚乱

骚乱基本上就是对和平的破坏,而如果它得不到控制,就会成为更严重的暴力行为的前奏。小酒馆里的争吵所发出的噪音和闹剧只能打破和平的气氛,但是,一旦动起手来,就可能触犯法律了。往往在这时候,人们才发现自己卷入了一个本可以避免的麻烦事件之中。

设想自己是在小酒馆里,有人侮辱你的同伴。虽然你可以进行口头报复,但却无权打这个"大嘴巴"。同样,如果在由语言侮辱引起的冲突当中,你决定英勇地反抗"大嘴巴"并动手,那么你会因为打架而违法。

在大多数情况下,如果你没有直接介入争吵,骚乱是可以避免的。尽量不要和一个喝醉后在酒吧里大声嚷嚷的人一起喝酒,邻里纠纷也要尽可能地避免,除非你认为自己的生命受到威胁,否则在这些情况下最好走开。

抢钱包者和无赖

抢钱包的现象现在越来越多。抢钱包者采取这种简单办法来抢你的钱、信用卡和住处的钥匙。大多数抢钱包者作案时成群结伙,他们看准了准备下手的对象后就紧跟他们,由团伙中的一人转移受害者的注意力,然后另一个抢夺装有钱包的包,这并不是什么稀罕的事。

- 带上一个旧的钱包或皮夹子,里面只放很少的钱。没有一个抢包者会在附近停上很长时间来查看他从你那儿抢到了多少钱。
- 永远把这个旧钱包放在显眼的地方,里面放上过期的信用卡,并剪几张纸币形状的纸,上面放一张面值较小的钞票。
- 小心藏好自己的真钱包。
- 永远不要让任何无赖拿到你的住址以及你住处的钥匙,因为他们可能会企图"拜访"你。

团伙攻击

大多数团伙的成员是十几岁的青少年,有的甚至 10 岁刚出头,有男有女。大多数团伙都有头目,他觉得自己应该带头让团

尽量避开团伙。

伙成员开心，他会在旁边看着其他成员的行动。如果发现自己被团伙包围，就采用擒贼先擒王的策略。大多数人会看着他们的头目如何处理情况，如果你能让带头者确信他会惹上大麻烦，他可能会决定不来惹你。

> "我曾经有两次被无赖拦路抢劫的经历，一次是在美国，一次在南非。在美国的那次，我使无赖相信我身上只有零钱，钱包还在旅馆里。他竟然愚蠢到同意跟我一起到旅馆去拿钱包。我一到旅馆门口就冲进去，然后拼命大叫'那家伙有枪'。他吃惊之余决定逃走，警察在他逃跑时抓住了他。在南非的那次，3个年轻人，都拿着刀，抢走了我的钱包和手表，总价值大约100英镑，与我的性命相比，那便是微不足道的了。"
>
> ——巴里·戴维斯

- 尽量避开任何团伙，或者在自己走过时利用其他行人做挡箭牌。
- 如果与他们遇上了，不要停下来，这样他们就不容易包围你。
- 睁大眼睛，随时注意团伙包围圈的裂口，一旦出现缝隙，马上从那冲出去。
- 如果与他们直接冲突，就擒贼先擒王。
- 团伙对待男性和女性采取的行动是不一样的（见第7章相关内容）。

暴力犯罪

刀、枪都是非常危险的，而且在大多数近身攻击中会造成重伤，甚至死亡。碰上抢劫时，不要大惊小怪，赶快放弃自己的东西。如果遇上的是强奸或报复,你逃开的机会可能很小,在这种情况下,就只好自我防卫了。事实上,除非你受过彻底的训练并自信能应付这类情况,否则你得胜的机会也不会太大。对待持刀或持枪的袭击,唯一有能力对付袭击者的是有枪的职业人士,如警方。

攻击性武器

刀

遇到持刀攻击有以下两种情况。

第一种是和你争吵的人手边正好有把刀。这种人不大可能用刀刺你或割伤你,但会用刀来威吓你。这可能正好是通过让攻击者充分了解如果他用刀刺你会导致什么后果,从而中止冲突的一个好时机。虽

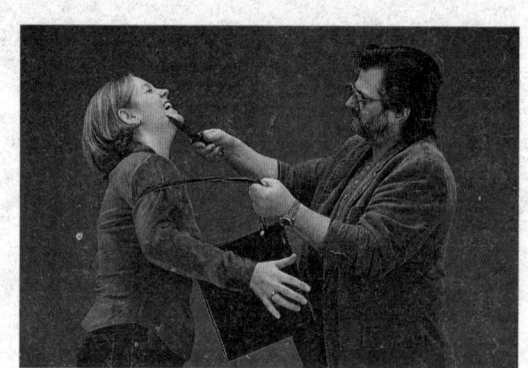

遇到持刀攻击有两种情况:一种是和你争吵的人手边刚好有把刀,另一种是攻击者总是随身带着刀。

然这可能会不起作用,但是,不习惯持刀打斗的人有时会听道理,特别是当他知道他做的事可能招致长期监禁时。在有些场合,进攻者持刀可能是为了使机会均等,因为他碰到的是比他块头更大或者更好斗的对手。在这种情况下,就让攻击者明确了解,如果你拿着刀会干什么。大多数人在思考后会让步。

第二种持刀攻击的情况是有人总是带着刀,此时刀对你的威胁

程度就与武器和使用者的技巧有关。如果你在和一个带着刀的人争吵，那就让步吧。尽量彻底回避这类情况，如果可能就跑开。他们可能会嘲笑你，但至少你不会被大卸八块。

面对持刀攻击时，尽量拿一样实在的东西挡在你和攻击者之间。

刀可能并经常会致命，如果你被迫与持刀者打斗，那就采取以下行动。

- 找一样用来挡住歹徒攻击的东西，如椅子。
- 拿一件保护的东西——夹克或外套，裹在一条手臂上。
- 如果攻击者在拿着刀砍击，那就离刀远一些。
- 如果他在拿着刀刺，那就用公文包或手提包挡住。
- 用棍子、扫帚、伞挡开攻击者持刀的手臂。
- 不要试图去踢攻击者持刀的手，而应该踢他大腿以下的部位。

枪

对持枪者进行防卫是非常难的。如果罪犯拿着枪，你必须假设他会开枪。实际上，有许多罪犯买了枪却不知道怎么用，而且在大多数情况下，很少有人拿着枪就开火。

手枪

自动手枪通常有一个装子弹的弹夹。弹夹通常装在手枪柄里。一旦装上弹夹，向后拉顶部的滑片，子弹就会上膛，扣住扳机。这时，如果枪的保险已经打开，扣动扳机就能开火。

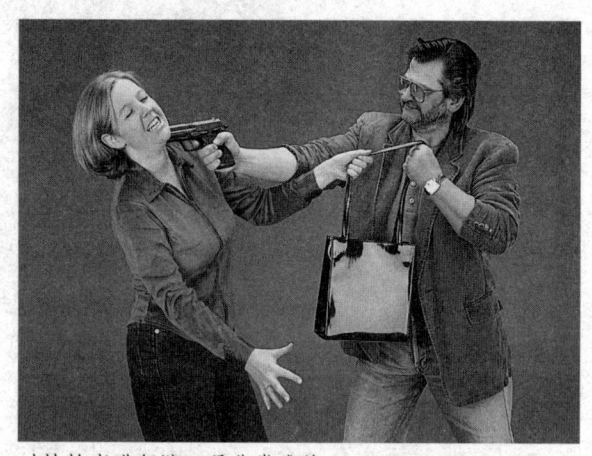

对持枪者进行防卫是非常难的。

左轮手枪的子弹装在转轮的弹巢中。扣动扳机，子弹就射出去了，而转轮就向右移动一格，从而将下一颗子弹推到撞针下。

遇上持枪者

在SAS的培训课程中，有解除持枪瞄准你的人的武装的技巧，但是，这需要多年的训练，而且即使到那时也不能保证它们绝对有效。当你被人用枪胁迫，而且自己或他人的生命受到威胁时，要考虑以下几点。

- 评估一下持枪者：如果他没有武器，你能制服他吗？
- 估计一下他的动作：他离你有多远？最好想办法使自己处于射程之外。
- 观察一下他拿的是自动手枪还是左轮手枪，撞针的扳机有没有后拉?
- 枪的保险是打开还是关上的?
- 如果持枪者站在你的前面,你双手举在空中,双手直接向下抓住枪也许能成功。
- 一旦抓住了枪,就使出全身的力气,用双手扭动枪,使它不是对着自己而是对着持枪者。这样,他在扣动扳机前就得想一下。
- 如果你抓住的枪身较多,你也许可以将它从持枪者手里夺过来。
- 如果你拿到了枪,或者枪掉了,就将它扔开或踢开,然后在更加安全的基础上展开搏斗。

自动手枪和左轮手枪都只能发射在枪膛里直接处于撞针下的子弹。抓住自动手枪顶部的滑片或紧握左轮手枪的滚轮就有可能阻止第二颗子弹的发射。

如果持枪者用枪顶住你的后背,考虑采取以下行动。

① 突然扭过身来。

② 用后摆拳撞开持枪者持枪的手。

③ 紧接一个真正有攻击性的动作。

④ 紧握或抓住持枪者持枪的手以防止被打到。

⑤ 如果可能,就夺下持枪者手中的枪。

如果你得到机会暂时性地解除了持枪者的武器,那就跑开,拉大自己与持枪者的距离。哪怕只跑开 20 米,也足够让自己远离危险。即使是 SAS 队员也难以在这个距离用手枪击中一个奔跑的人。跑开时要采用"之"字形路线,即使感到被子弹击中也不要停下来。如果被击成重伤,自然就会倒下。至少与持枪者拉开50米距离:他可能瞄得不准,但胡乱射击可能也会杀死你。

> "我曾经被击中过,因此可以告诉你们,被击中造成的直接后果是动作僵硬,然而你仍然能行动。记住,大约70%的子弹打伤的是四肢,或者是其他非致命的部位。"
> ——巴里·戴维斯

全自动武器

虽然持有全自动武器是非法的,但许多全自动武器还是落入了罪犯手中。大多数情况下,这些武器被用于严重的犯罪活动,如贩毒团伙火并、大的抢劫行动,以及恐怖活动等。

如果遇上持有全自动武器的人,那就完全按他们说的做。不要因为附近有人就逞英雄,因为全自动武器可以任意扫射。

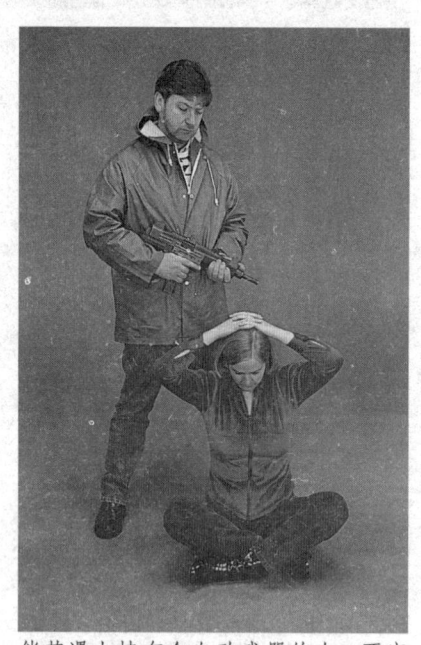

倘若遇上持有全自动武器的人,要完全按他们说的做。不要盲目反击。

第5章 防卫动作

寻找对方攻击迹象,主动出击

如果被迫应战,要先找出对方准备开始发起攻击的迹象。

> 几乎所有的攻击者都通过以下动作发起攻击。
> - 睁大眼睛。
> - 往两边扫视。
> - 踮起脚尖。

除非攻击者有武器,否则他的第一击几乎可以肯定会用右手。同时,你要注意即将来临的脚踢——攻击者会在突然出脚之前扭动肩膀。

> 集中注意力，站稳，打出第一拳。要做到以下几点。
> - 猛。
> - 准。
> - 有攻击力。

击打时大喝一声。如果你能设法将攻击者击倒在地，那就逃走。如果没能将他击倒，那就放松，然后准备下一个防卫动作。

熊抱

如果你的首次攻击未能产生多大影响，并且发现攻击者的击打力量很大，让你"摇摇欲坠"，赶快采取熊抱的方法。即使你很虚弱也没有关系，只要张开双臂抱住他，并把自己的头顶在他的胸部。如果不这样做，而是摇摇晃晃地向后退，头昏眼花却仍然站着，你就会成为他的活靶子。抱住攻击者可以防止他给你造成太大的伤害，并且能为自己赢得恢复的时间。

保持镇静

努力使自己保持冷静，虽然做起来比说起来要难。不要担心自己的膀胱会失去控制，小便失禁与攻击者可能给你造成的伤害相比算不了什么。

> **专家提示**
>
> 在战斗中，无论敌人多么强大，他们一次也只能对付有限数量的士兵。阻止他们的秘诀是，狠狠打击他们，然后逃走。

对付正面攻击

大多数攻击一开始都是来自正面的。如果你动作敏捷,并且看出自己将要受到攻击,那就采取以下行动。

① 摆好"防御"姿势。

② 用一只手挡开攻击者的击打动作,用另一只手击他的下巴(见左下图)。

③ 紧接着向后推攻击者的头部使他身体失去平衡。

④ 保持自己的身体平衡,然后抬膝顶他的腹股沟(见右下图)。

⑤ 尽量避免被攻击者抓住自己或自己的衣服。

⑥ 一旦挣脱了,就踢他,使自己与他分开,然后逃跑。

一只手挡开攻击者的击打动作,另一只手击打攻击者的下巴。

保持身体平衡,用膝盖顶攻击者的腹股沟。

如果攻击者抓住你的手腕并试图将你拉向他，如左下图所示，你需要采取以下行动。

①狠踢他膝盖以下的胫骨（见右下图）。

②用自己未被抓住的手将他的手锁在自己被他抓住的手腕上，同时，向后翻转自己被抓住的那只手，掌沿向下切击他的手腕。这个动作可以扭转锁住他的手腕，并给他造成剧烈的疼痛。

③向前将攻击者拉倒在地。

攻击者可能试图将你拉向他。　　狠踢攻击者的胫骨。

咽喉被攻击时如何反击

在许多情况下，攻击者会用双手抓住某人的咽喉，掐脖子。然后掐住不松手，直到将对方慢慢摁到地上。如果预见到攻击者将对你的咽喉下手，可以低头，直至下巴碰到胸部，从而防止他掐住你的脖子。如果不可能做到这样，那就尽量放松，掐脖子不一定很有效。如果发现自己处于这种威胁之下，那就采取以下行动。

- 在刚开始时，如果他刚刚抓住你，右手握拳，向上抬起至自己的左肩。

- 向后挥臂，用反手拳击打攻击者的太阳穴。

- 如果上面的方法没起作用，将自己的双手交叉，摆在自己和攻击者之间（见左下图）。

- 竖起自己紧握着的双手，使双臂成"A"型，保持这个形状，举过头顶，使肘部低于自己的双手，然后向下猛压他的前臂。这个动作即使不能使攻击者将你松开，至少也可以使他头部前倾。

- 在自己双臂下压的同时，前额猛向前倾，撞击攻击者的鼻子（见右下图）。

- 这套动作可以在站立时使用，也可以在倒地时用。

当自己被人用双手掐住咽喉时另一个简单实用的挣脱技巧如下。

① 左脚后退一步。

② 右脚紧跟，成自然姿态。

③ 抬起右臂，绕过他的双手并向自己身体的左侧扭转。

④ 在此同时，左手应该抓住离自己最近的点，如他的右手腕，有助于拉动他而使他失去身体平衡。

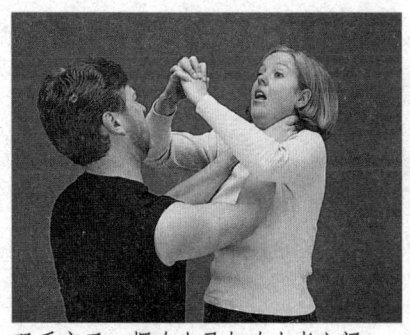

双手交叉，摆在自己与攻击者之间。

双臂下压，用前额撞攻击者的鼻子。

对付身后攻击

对付熊抱

在受到来自身后的攻击时，如果够得到攻击者的双臂或双手，就试着咬它们。如果能用牙齿咬住他的部分皮肤，就只咬住一点点。这样做可以让你咬得牢一些，而且对攻击者造成的疼痛感也强烈得多。但是，要记住，如果你把攻击者咬出血来，就可能有（也许只有很小的机会）感染上 HIV 病毒的危险。

试着咬攻击者的手臂。

对付低位熊抱

如果攻击者对你采用低位的熊抱，双手更多地搂住你的腰部而不是胸部，让你难以挣脱，那就试试头的后顶动作。

① 踮起脚尖，弯腰向前（见下页左图）。

② 头部猛地向后撞击，尽量撞到攻击者的鼻子。

③ 与之相结合的动作是握拳向后击打他的腹股沟（见下页右图）。

如果攻击者从背后用单手抓住你，那就采取以下行动：

① 身体前倾，并朝他抓住你的手臂的反方向扭动。

② 同时，尽量将自己的左肘在身体前方向上抬起并向外伸展。

③ 攻击者肯定会试图将你向后拽（朝着你扭动的相反方向），此时

弯腰向前。　　　　　　　　　　　　头向后撞，同时拳打攻击者腹股沟。

利用自己和他的共同作用力，用肘部向后击打他的脸部。

④ 同时用自己另一只手握拳向后击打他的睾丸。

对付双手被固定在体侧的熊抱

如果有人从身后抱住你，并将你的双手固定在体侧，试着按以下步骤挣脱。

① 弯腰，用自己的背部顶住攻击者，同时自己的双手相握。

② 屈膝，使自己的重心下沉，尝试向下滑脱熊抱（见下页左图）。

③ 双手保持相握，摆动肘部（见下页左图）。

④ 扭臀，以肘部击打攻击者的胃部（见下页右图）。

⑤ 接着用后脑撞击他的脸或用脚向后踩踏。

⑥ 一旦脱身，就踢他使其与自己分开，然后逃跑。

双手相握,重心下沉,摆动肘部。　　肘顶攻击者的胃部。

头发被抓住时如何反击

如果攻击者从你身后抓住你的头发,并将你向后拽,那就采取以下行动。

① 跟随他向后退。

② 用双手抓住他的手腕。

③ 向内转身,面对攻击者。

④ 尽量向后退,并用力将他的手扯离自己的头发(此举可能会导致自己的头发被拔掉,但可能直到事后你才会注意到这点)。

⑤ 继续抓住攻击者的手腕,将他向前拉,然后抬膝顶他的腹股沟。

被迫靠墙时如何自我防卫

攻击者有时候可能会将你逼得靠墙,然后等上几秒钟再开始对你发起攻击。只要发现攻击者侧身对你,或你能巧妙地使自己处于这样的位置,那就采取以下行动。

第 5 章 防卫动作 53

①抓住他头顶上的头发，然后猛地将他的头向后拉。这不但可以使攻击者身体失去平衡，而且可以让他露出咽喉。

②使劲击打他的喉部。

③如果你还在向后拽攻击者，他应该会倒地。

抓住攻击者头发向后拉，另一只手击打他的喉部。

④如果攻击者是个光头，则手成爪型，抓他的鼻子和眼睛，迫使他头部后仰。

⑤一旦脱身就踢他使其与自己分开、然后逃跑。

专家提示

SAS队员们常说："抓住头发就能让他跟着你转。"秘诀是保持从后面抓住对手的头发，永远不要让对手有机会转身面对你。

倒地后如何自我防卫

在冲突当中，你非常有可能会被击倒在地。这时候你处于非常容易被攻击的境地，但千万不要投降。如果你的头部受到了重击，特别是下巴上，那么你就会感到头昏眼花。这时候要集中你的注意力忍耐，这样就可以让你熬住疼痛。

学会如何摔倒同学会如何站立几乎是同等重要的。这需要一定的训练，而摔倒在体操馆的垫子上同被别人摔倒在路面上或硬地上则完全是两码事。

假设攻击你的人有能力将你四脚朝天击倒在地，然后趴在你身上，掐住你的脖子。这时候你应该采取如下行动。

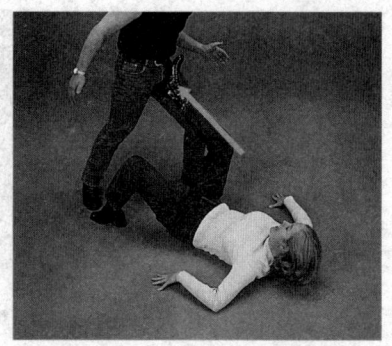

一旦倒在地上，可以用脚踢攻击者的腹股沟。

①用左手抓住他的右手腕。

②屈起右腿，用胫骨顶住他的右腋窝。

③用力拽他的右臂。同时抬起左腿，从他的脑后绕到前方，使你的小腿顶住他的咽喉。

④挺直身体，用胯部作为支点锁住他的手臂。

⑤将他的手臂紧紧地卡在你的两腿之间，用力压他的肘部。

⑥一旦成功地形成这样的锁定姿势，那么无论你的敌人如何强壮或经验丰富都将无法逃脱。这个姿势能让他手臂骨折。

⑦双脚对准攻击者，准备躺在地上进行搏斗。双腿轮流蹬踢进行自我防卫或攻击。尽可能快地从地上站起来。

从地上爬起来

一旦倒地，你就变得容易被攻击，虽然你并非无依无靠，但最好尽快爬起来。

第 5 章　防卫动作

双手撑地，右膝蜷至身体下方。　　　　　右腿前移至身体下方，双脚踩地。

以下介绍的是从地上爬起来的一种简单方法。所有的动作应当在身体的一次连续翻滚或扭动中完成。

①向身体左侧快速翻转，腹部着地。

②双手手掌撑地，同时蜷起右膝至身体下方（见左上图）。

③左腿前移至身体下方，足部平踩地面（见右上图）。

④跳起身来，面对攻击者。

⑤摆出"防御"姿势。

另外一种方法类似我们在许多电影中所看到的，但需要一些训练。

①滚动至背部着地。

②双膝抬起，尽量靠近胸部和头部上方。

③做前滚翻。

④根据自己的习惯采用左手或右手，手掌撑地，跳起，站立。

⑤面对攻击者。

⑥摆出"防御"姿势。

踢打

大多数人认为搏斗时主要依靠拳头,其实,双腿是有力得多的武器。用鞋子或靴子的边缘踢攻击者的大腿能给他造成巨大的痛楚。

向前直踢的最佳取点是膝盖下方一点点的位置。

踢打和拳击一样需要练习。如果你已经有了一个拳击沙袋,把它放低一点,大约离地10厘米,就可以练习以下几种踢打技巧了。

需要练习的技巧

向前直踢

①离沙袋约1米处站立,采取"防御"姿势。

②向前直踢,假设瞄准的是攻击者的膝盖。

③将注意力集中在自己的速度、出其不意、身体平衡以及复位上。

④利用双臂帮助自己保持身体平衡,然后退后。

重复该动作直到自己觉得已经掌握该技巧。如果发现自己身体失去平衡,这意味着你踢得太高了。

侧蹬

①靠近沙袋站立，抬脚，然后用力向下蹬踏沙袋的侧面。

②以用力踩脚作为完成动作，就好像是踩攻击者的脚。

猛踩攻击者的脚。

这个侧蹬动作如果与猛踩攻击者的脚趾结合起来使用，可以使对手产生强烈的疼痛感。在被攻击者抓住时，这是一个值得一试的技巧。

侧蹬。

膝顶

身体向前靠近沙袋，试着用膝盖顶沙袋的顶部。同样，速度和出其不意是至关重要的因素。抬起膝部，就像自己是在奔跑。因为双脚相距较近，此时的身体平衡比较难以掌握。用双手推开攻击者。

> **专家提示**
>
> 身体平衡是最重要的，特别是在踢打的时候。在身体移动时注意此点，身体重心要从一条腿移到另一条腿以保持必要的稳定。练习将有助于你保持良好的身体平衡。

被逼上楼梯时

你可能会在楼梯上或靠近楼梯的地方受到攻击。如果被追着上楼梯，或者强奸犯在将你逼入楼上的卧室时，采取以下行动。

- 抢在歹徒的前面。
- 等到靠近楼梯顶端时，弯腰扶住最后一级台阶或抓住扶手。
- 在俯身向前做这个动作时，用脚后踢。尽量把歹徒踢下楼梯。
- 如果是在家里，就奔进一个房间，将门反锁，然后大声呼救。

抓住楼梯扶手，脚向后踢。

弯腰扶住最后一级台阶，脚用力后踢。

用短棒的技巧

警告：类似警方所使用的警棍是不合法的。下面提到的是一些可以合法携带的物品，如笔或细的金属手电筒。它们可以用类似的方法使用。

钥匙圈上的短棒。

短棒指的是直径约为 1 厘米，长 10~15 厘米的棒状物。外表可以是光滑的，也可以是有凹槽或棱以便于抓握的。有些短棒尾部有孔，便于装在钥匙圈上。短棒可能看上去毫无用处，但是如果使用得当，它可以使你在许多危险的情况下脱身。尽管它尺寸小，但是使用正确的话，它可以造成疼痛和压迫感。如果使用得当，短棒对攻击者可以产生一定的控制作用，同时又不会导致重伤。它最有效的用途就是用来击打贴近皮肤下的骨头部位，如头盖骨、膝盖。

握棒

以下是几种不同的握棒方法。

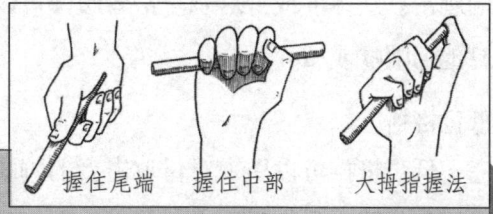

握住尾端　　握住中部　　大拇指握法

- 握住尾端，作刀用。
- 握住中部，挥动短棒的两端。
- 大拇指握法，像用锤子一样砸击。

短棒的基本格挡动作

高位格挡

如果攻击者用摆拳击打你的头部，那么就可以使用高位格挡。实际动作为：用大拇指握法握住短棒，以你的前额到攻击者袭来的手臂内侧的距离为半径呈圆弧形向外挥动。

由于短棒击打的结果必定会让攻击者痛得停手，因而几乎不会对自己产生什么不良的后果。

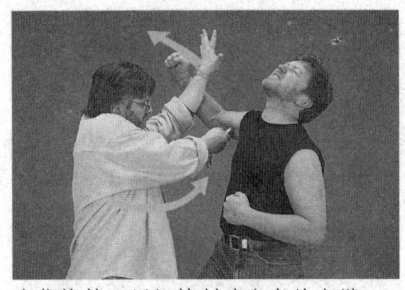
高位格挡，用短棒刺攻击者的上臂。

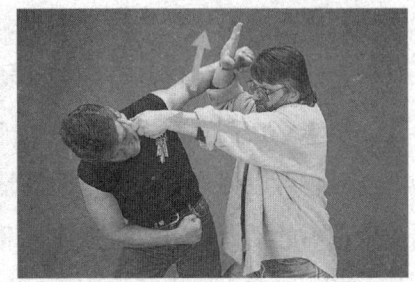
高位格挡，用短棒刺攻击者的太阳穴。

中位格挡

当攻击者攻击你的躯干时就使用中位格挡。可以运用几种不同的刺击。从体前或身后刺攻击者腹部可以将其击倒在地。还可以击打他的咽喉或睾丸。

低位格挡

低位格挡可以用来对付攻击者的脚踢。用自己空着的手格挡他踢过来的腿，另一手用大拇指握法握棒戳攻击者大腿从胯部到脚的任何部位。膝盖内侧是最佳的攻击部位。

中位格挡，用短棒刺攻击者背部。

低位格档，用空着的手格挡攻击者的腿，另一手用大拇指握法握棒戳他的腿。

短棒脱困法

摆脱正面控制

如果攻击者从正面抓住你,最好的脱困方法就是用短棒向上击打他的咽喉,或者向下击打他颈部和肩部的连接部位。

双手握棒向下击打攻击者的手腕,同时用大拇指掐他手腕的内侧可以保证让你从任何正面控制中逃脱。

摆脱身后控制

如果被人从身后抓住,就用短棒击打攻击者手背的掌骨,对准它们的位置猛戳几下保证可以让你逃脱。

社交场合的自我防卫

抚摸

女性发现她们在某些拥挤的场合,如舞厅里,会受到骚扰。一般说句"把你的手拿开"就能解决问题,但是当有人不理会你的反抗,同时你又有可能抓住他手的时候,试试以下行动。

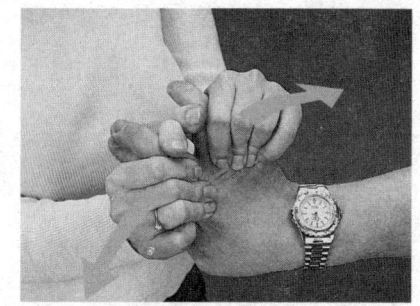

向两边掰攻击者的手指。

①抓住他的一只手,双手分别攥住他的两根手指,用力向两边掰(见右图)。

②与此同时,使劲掰他的手腕,并将他向后推,使他失去身体平衡

62 自我防卫手册

将攻击者扭翻在地。（见左上图）。

③ 抓着他的手将他扭翻在地（见右图）。

④ 将他扭翻在地后，仍然抓住他的手指，然后猛踩他的腹股沟。

对付挑衅的醉鬼

在聚会上和舞厅里还有可能遇到一些讨厌的醉鬼，采用以下步骤可以轻易地将他们甩开。

① 如果有醉鬼把手搭在你的肩膀上，就把自己靠近他的腿从他的身后放在他两腿之间。

② 用肘部顶住他的胸部，然后向后压（见下页左图）。

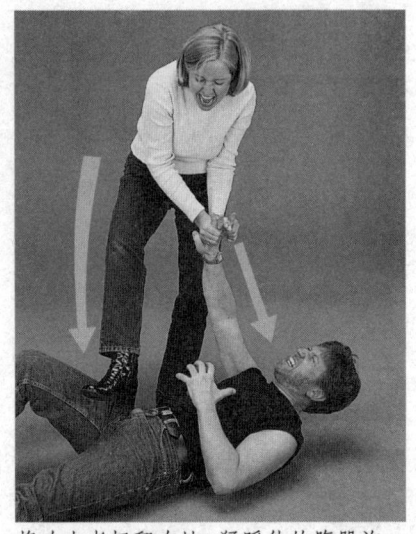

将攻击者扭翻在地，猛踩他的腹股沟。

在某些场合可能会有醉鬼企图骚扰你。

第 5 章 防卫动作 **63**

用肘顶他的胸部并向后压。

必要时,在他倒地后踢他的睾丸。

③ 在他向后倒地时走开,或者,在必要时踢他的睾丸(见右上图)。

抱头

摆脱醉鬼纠缠的另外一个方法就是抓住他的头部。只要顺着他的脖子扭他的头部,就能让他晕头转向。

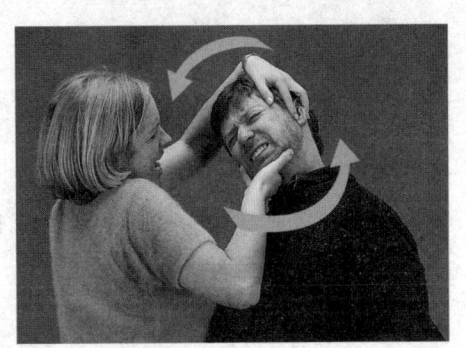

用手扭醉鬼的头。

① 双手向上伸出,用手指抠住他的头部并尽力抓住,譬如,抓住他的耳朵或鼻子。

使他倒地后，必要的话再踩他一下。

用自己的腿绊住他的腿，就能迫使图谋不轨的醉鬼放开你。

②绕圈摇晃、扭动他的头部。

③把他的头拧向一边就能使他倒地。如果有必要的话，就再踩他一下。

瓶子的用法

经常有人直接拿着瓶子喝酒，当你在聚会上或小酒馆里被骚扰时，啤酒瓶也是一件有用的东西。

①只要一有机会，就抓住对方的手腕，然后将他的手臂往上抬。

②抓住瓶子的中部，然后用瓶颈向上顶击他的腋窝。这样做能让他的手臂麻木，使他暂时无力再骚扰你。

抓住瓶子的中部。

用瓶颈顶击他的腋窝。

将攻击者绑住

如果你已经制住了攻击者，并且在旁人的帮助下已经将他控制住了，你的首要任务就是确保他对你不能再造成任何伤害了。用鞋带或其他触手可及的绳子捆住他的双手，并用他的腰带绑住他的双脚。如果手头没有这些东西，就迫使他双手掌心向上，让他坐在他自己的手掌上。解开他的裤子，向下拉到脚踝。如果是在家里，就用手边任何容易拿到的东西将他绑住，譬如食品保鲜膜就很好。用保鲜膜将他的手腕紧紧绕上几圈就能阻止他对你造成任何伤害，同时又不会对他造成任何伤害。

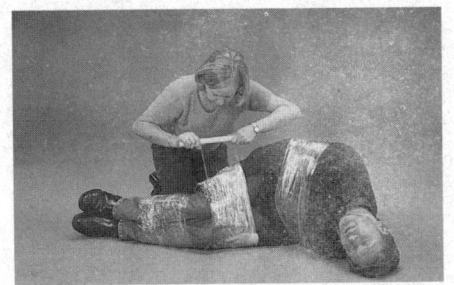
制服攻击者后，可以用保鲜膜将他绑起来。

有车女性自我防卫要点

有车的女性比男性更易成为预谋暴力犯罪中被侵害的对象，因此也就更应该学会保护自己。最好的自我防卫是预防，而预防的前提，来自警惕意识。保持警惕性包括以下几点：

（1）不要在晚上独自驾车到自己不熟悉的地方或治安不好的地方。

（2）在购物后、用餐后、工作完，不要坐上车后专心看着自己的记事簿或是列清单等。这样做会为伺机者提供可乘之机。上车后应该立刻锁上车门，然后马上离开。

（3）当你准备要到停车场或车库准备开车时，要警觉，看看你的四周、车里面、车的乘客座旁及后座。若你的驾驶座旁停了一辆你觉得可疑的车，那么你该从乘客座旁进入你的车，别从驾驶座进入。若有男性独自在靠近你的车的位置时你要回头走向大卖场或是工作的地方，并请警卫陪你去取车。

另外，去停车场时要尽量坐电梯，不要走楼梯。发现危险时要立刻逃跑，歹徒只有在4%的情况下会继续追击逃跑的对象，而且即便是被追击，被伤及的也不一定会是重要的身体部位。

第6章 当女性被攻击时

对本书的这一部分，我曾思考再三，并认真听取了许多女性关于在遭遇暴力攻击的情况下她们会如何反应的意见。从暴力强奸和严重袭击事件中逃生的女性日后生活受到的影响会非常大，尤其是在未做任何反击努力的时候。每个女性在受到男性攻击时，都不要耗费时间去揣测他是出于什么样的心理攻击她。他不会有一丝的自责。出其不意的反击是最好的防卫措施，而且，只要得到正确的指导，女性也能主动地进行自我防卫。正因如此，学习本书中的自我防卫技巧对你来说是非常重要的。

女性及自我防卫

通常看来，女性躲开攻击者的能力比男性要差，这一部分是因为大多数人认为，男性的体格比女性强壮，体力比女性要强，而且男性是传统上的保护者。事实上，体格和体力并不一定是个人能力的决定性因素——女性成功击退比自己强大的攻击者并不是什么新鲜事。

许多女性比她们的男性对手更结实、更聪明、更敏捷。她们不会喝太多的酒，因此在任何冲突中所采取的行为也更有节制。在本书中，两性之间最明显的区别就是，自他们降生到这个世界开始，孩子的"心理程序设定"。对男孩的期望是意志坚强、对恃强凌弱者进行回击，而对女孩的期望则是不要反击。这种心理作用是女性被人们看作是受害者的主要原因。

相信自己

女性必须克服自己对打斗的恐惧感。她们体内蕴藏着大量的愤怒和积极主动的能量，而她们应该准备好在遭遇暴力对待的情况下运用自己的力量保护自己和孩子的安全。这只是一个关于自信心的问题，要明白，反击不会失去什么，却可能获得一切。

立刻做出反应

要让攻击者吃惊并让他失去自信，女性应该迅速、果断地采取行动。要相信自己在这种情况下的本能反应并根据本能采取行动，但至关重要的是不能延迟自己的反应，因为如果你所采取的行动出乎攻击者的预料，就能削弱他的气势。

- 表现自信。不要让攻击者因为明显察觉到你的软弱而使用暴力。软弱只是一种感觉，而你的心理力量会对攻击者产生影响。

- 如果有人扑上来，就反击。大声叫喊、奔跑、出拳、脚踢，都是防卫的有效手段。

家庭暴力

任何在家庭中发生的暴力攻击都触犯了法律。男女双方都无权从身体上或感情上侮辱对方。不幸的是，许多女性多年来受着她们伴侣的侮辱。这种侮辱可能会持续多年，通常直到女性离去才终止。女性和暴虐的伴侣待在一起的原因可能有许多种，如缺钱、受到威胁、认为他会改变等。重要的是女性应该认识到，她们还是有地方可去的，在受到不公平对待时，女性应该寻求相关机构的帮助，以维护自己的合法权益。

经受家庭暴力的女性在初期可能没有认识到她们受到了侵犯。其实从某种程度上来说，她们应该考虑做一些离开的准备了。这不是一个容易做出的决定，特别是当牵涉到孩子时。如果你已经下定决心，就把自己的麻烦告诉一个女友，然后告诉她自己可能需要和她待在一起。把过夜的东西装个小包放在她那儿，存好一笔足够付一段时间住宿费和饭费的钱。如果可能的话，请邻居在他们听见任何骚乱时打电话报警。

遇到团伙攻击的情况

对于女性来说，单身一人遭遇男性团伙可能是可以想象得到的最坏的场景之一。充分的自信应该是你在这种情形下采取防卫的第一步，由于这种团伙一般是期望女性不做反抗的，因此你的反击可能会促使他们放弃对你的攻击。你对胜利的决心越大，就越能使攻击者失去勇气。

对付团伙

应付这种情况的关键要素就是迅速认清哪个是团伙头目，然后将注意力集中在他身上。团伙头目不是个头最大的就是包揽所有对话的那个人。

- 你应当使自己与团伙头目视线相对，并保持这种相对。

- 要表现得自信，并且不停步地向前移动，同时平静但坚决地要求他们不要挡路，你也许能完全让该头目信服地退却。

- 如果他避开你的目光，你应该继续向前移动，从人群中走出去。

- 如果他仍然挡住你的路，那就接近他，但要与他保持一定的距离，在这过程中始终保持与他对视。

- 尽量避免自己被包围。

此时，他非常有可能会装作他只是和你开了一个玩笑，然后笑笑或说几句话，让你过去。

如果这个办法不起作用，那就考虑用自己的声音吸引别人的注意。犯罪团伙不可能希望女性对他们尖叫，而且大声叫喊可能会促使他们攻击你。

如果团伙开始攻击你，你的最后一招就是动手。用上自己所有的技巧，如声音、拳打脚踢，然后，一有机会就赶快逃跑。

大声叫喊是在遇上任何攻击时都可采用的一个重要武器。

下面是几个需要牢记的要点。

- 保持目光对视。

- 不要对自己选择的逃跑路线三心二意。

- 除了发令之外,不要和攻击者对话。

- 保护自己的后背,攻击者从你身后发动攻击比正面发动攻击要容易。

遇到尾随情况

近年来,尾随事件呈上升趋势。这一术语通常用来指某人迷恋他人或对他人存有恶意,然后一直跟着他们。然而,尾随者经常不满足于单纯地尾随他们的目标,他们会对目标进行身体袭击、书面或口头的侮辱，以及做出各种经常是显示威力的举动，乃至对目标进行胁迫和使用暴力。

向警方求助

如果你认为自己被尾随了，就可以报警。但是，应该了解的是，如今仍然没有任何立法针对尾随这一特殊犯罪。所以，不可避免的，除非尾随者对你进行了身体袭击，否则警方可能不会立刻对尾随者进行处罚。

当你认为自己被尾随时

寻找"安全避难所"

如果你离开了自己熟悉的环境，并且感到自己被尾随了，无论原因是什么，赶快找一个安全的"避难所"。你可能只是看到了影子，但保持警惕永远比留下遗憾要好。当自己在街上行走时要尽量找出可能的"安全避难所"，例如，警察局、公寓大楼、医院、银行、酒店或商场。当你感受到直接威胁时，赶紧往最近的亮着灯的房子走，然后打电话求救。

> "我经常发现在伦敦和利物浦的一些地方有一些由几个年轻人组成的团伙在人行道上拦路。通常我会在他们还没有注意到我时，利用装作看商店橱窗的机会穿过马路。这不仅避免了正面的相遇，而且让我可以通过镜子观察他们的举动。如果他们看上去没有恶意，那我就继续前进，待在对面的人行道上。这一保持距离的法则是你应该永远采用的。"
>
> ——巴里·戴维斯

第 6 章　当女性被攻击时　73

对可能的危险区域提高警惕。

在人行道上行走的时候要走在人行道的中央，并且要对小巷口或"凹"进去的商店门口提高警惕。如果认为自己被人尾随了，要马上转身查看。穿过街道（如果有必要的话就穿两次）以便确定自己是否被尾随。如果自己不确定，那就进入大商场或类似的场所，然后打电话叫辆出租车送你回家或目的地。如果尾随者跟着你进来，就告诉店员或者打电话给朋友。如果你真的独自一人遭遇上了尾随者，要做的第一件事就是面对尾随者，这样你就能看见他以及他在做什么。

- 尽量不要为了抄近路而穿过自己不熟悉或人迹稀少的地区。
- 携带私人警报装置并准备好使用它。
- 如果可能的话，在深夜回家时让家里人来接你。
- 请送你回家的朋友等你进了楼门后再离开。

- 把自己的钥匙拿在手上。不要等到站在家门口时再在手提包里或口袋里找钥匙。

遭遇强奸

强奸是非常常见的一项犯罪,而且可能会毁掉女性的一生。85%以上的强奸案件中强奸犯与受害者原本是认识的,而且受害者并非全是单身女性。许多受害者在被强奸后没有报案,因为受害者感到肮脏和难堪,或者因为她们感到警方或法庭不会相信自己。重要的是要记住,被强奸从来不是女性的责任或错误。

有预谋的强奸案件很少,大多数都是偶然的。

从施暴者手下逃脱

如何从施暴者手下逃脱可能取决于你自己与施暴者之间的关系以及自己的性格。你可能会毫不犹豫地用拳头猛击一个陌生人,但却可能会对认识的人下不了手(也许是害怕对将来的影响)。你也许可以通过对话来摆脱这一状况,但要准备好在必要的时候使用身体的力量。有资料显示,同施暴者展开搏斗的女性比不进行反抗的女性安全逃脱的机会要大。

- 评估一下施暴者:他的个子有多大?他是否喝多了?他是不是在拦路抢劫的过程中对你产生了歹意?
- 保持冷静,做好同他进行搏斗的准备。
- 运用自己的声音:大声叫喊并求救。

- 保持与对方对视。

- 尽量不要让他碰你。

反击

在采取了上面所说的方式之后,施暴者也许仍然会企图强奸你。处于这种情况时,就要准备好用行动来制止他了。施暴者在施暴时会易于受到攻击(譬如,当他在拉开拉链时),而受害者在必要的时候,应该判断何时是反击的最佳时机。

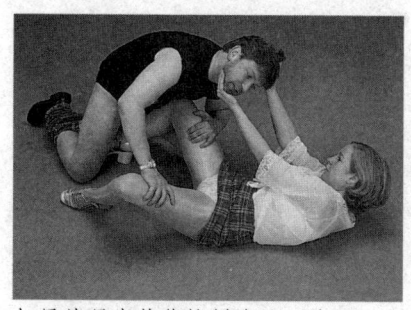

如果施暴者将你按倒在地,就用自己的双手抓住他的头部。

用力向一边拉和拧他的头会让他身体失去平衡并可能为自己提供逃脱的机会。

除非施暴者用武器顶着你的喉咙,否则就应该使用一切方法与他搏斗,你不论做什么都对改变局势有所帮助。你可以采取挠、咬、踢等方式,扯他的头发、抓他的睾丸、抠他的皮肤。即使这些不能制止他,至少保证可以在他身上留下痕迹,以后可以指证他。

防止约会对象或熟人起歹意

"约会强奸"通常指男女双方第一次约会,或在发展相互关系的初期,由于男方未能正确理解有关暗示,而对女方实施性侵犯。

男性必须明白，虽然初次约会取得进展可以很好地确立自己在对方心目中的地位，但如果没有得到女方的同意，这样的举动就构成了强奸。同时，女性也必须明白，在深夜或是喝了

女性不要在深夜或酒后将一个不太了解的异性邀请到家中。

一点酒后，把一个自己不太了解的男人邀请到自己家里可能给对方以错误的暗示。这就是说，请男性喝咖啡、喝酒或有些亲密的表示，并不意味着女方同意接受强加给她的性行为。

男女相约出行通常是因为相互喜欢。问题是，我们相互有多少信任？女性在和不够了解的男性约会时要谨慎、自重，不要给出容易让人误解的暗示。

- 第一次约会时间不要太长。
- 自己解决赴约和回来的交通。
- 注意自己的衣着打扮。
- 在给出自己的有关信息时要谨慎，如地址、电话号码、工作地点等。
- 明确地表明自己的意见。
- 如果不希望发生性关系，就断然拒绝对方的要求，并准备好在必要的时候以行动来证明。

如果已被侵犯

如果受害者已经被侵犯了，那就立刻报案；如果你不想报警，可以向相关机构寻求帮助、支持和建议。

受到侵犯后的自我恢复

只要一有机会，就要在第一时间向有关组织寻求帮助。比如前往最近的警察局，寻求直接的医疗救助，但在接受检查之前不要自我清洗。你可能非常想进行自我清洗和换衣服，但警方会需要他们所能得到的全部证据，以逮捕施暴者并证明他有罪。你可以让朋友或亲戚来陪你。

受害者要明白，检查是为了你好，不仅是为了医治身体上的创伤，也是为了检查是否有怀孕或被传染上性传播疾病的可能。也许警方的询问会让你觉得好像是自己犯了罪，但你应该明白，警方必须依法行事。他们可能会问你一些你不想回答的问题，但你要尽自己所能回答。你可以在任何询问时请人陪你。

如果受害者是被自己的朋友或亲戚强奸了，法庭可能会禁止此人（包括受害者的丈夫）再次和受害者接触。如果诉诸法庭，受害者的匿名权也应该受到保护。

男性能帮什么忙

男性必须理解，许多女性在孤独时，特别是在陌生的环境里，会变得精神紧张。

- 尽量不要在黑夜或偏僻的地方紧跟在一位女性身后。

- 在深夜的公交车上不要坐得离她太近。

- 如果看见有女性陷入困境,要前去帮忙或找人来帮忙。

恶意电话

电话通常是对人有帮助作用的,尤其是当我们有麻烦的时候,但有时它也会被别有用心的人利用。避免在家里接到不想接的电话的最简单方法就是不要将自己的电话号码登在有可能被公开的号码簿上,然而,这仍然不足以保证你不会接到恶意电话,因为有人会乱打电话。

有些电话纯粹是骚扰电话:这种情况往往是因为你的电话号码正好和某些出租车叫车电话或订餐电话差不多。当然,有些人会故意拨打恶意电话,而正是这些电话才有潜在的危险。它们可能会给你带来麻烦,使你感到焦虑。恶意电话可能是你认识的人打来的,也可能是和你有纠纷的人打来的。

预防恶意电话的措施

为了最大限度地减少自己可能面对的问题。

- 不要在电话中说自己的名字或私人电话号码。

- 不要在电话的自动回话录音中录入自己的名字、电话号码或类似"我现在不在家"之类的信息。

对付恶意电话

如果接到自己认为的恶意电话,那就采取以下行动。

- 如果对方不出声，不要试图哄他开口，干脆挂上电话。

- 保持镇静：真有事打电话来的人，或者想跟你开个小玩笑的朋友，通常会先开口说话的。

- 情绪不要过于激动，他们要的就是这种反应。

- 除非你相信来电者，否则不要在电话中说出有关你的任何具体信息。

如果来电者纠缠不休，就与电话公司联系，以采取相应措施，若事情的性质严重，可以报警。

私人防护装置

私人警报器

市场上有许多不同种类的私人警报器，其中有些很实用有些则毫无用处。这主要取决于其声音的尖利程度，声音越是让人难以忍受就越好。私人警报器通常是用电池或小的气缸来驱动的，用气缸驱动的发出的声音更大，但持续时间较短，而用电池驱动的可能效果更好一些。有些私人警报器现在有几项功能，全部都是为帮助你对付攻击者而设计的。例如，手电筒和警报器合而为一。还有更好的，有些警报器可以装在手提包上或者门背后，当有人试图偷你的手提包或破门而入时警报器就会启动。私人警报器在大多数DIY（自己动手制作）店铺，或者电子产品批发商店里都能找到。

如果你有一个私人警报器，最好随身携带，并保证在出现紧急情况时自己能迅速拿到：任何警报器，无论它有多少功能，如果被埋在包底，也是没有用的。然而，你不能完全依赖于自己的私人警报器，它可能确实会让攻击者大吃一惊，但普通大众可能不为所动，因为我们对警报声已经习以为常了。在警报器响起的同时要大声呼救，同时准备好自我防卫。

其他

有许多日常用品（如梳子、香水等）是可以合法携带的，你也可以用它们来对付攻击者以保护自己。如果你在自我防卫中确实使用了这些东西，在事后要向警方证明自己的行为是合法的。

运用"武器"自救

女性因为生理上处于弱势，更易成为被侵害的对象。敢于侵犯青年女性的歹徒一般都比较强壮，除非受过专业训练，徒手反击是很危险的。所以女性最好在出门前用"武器"将自己武装起来。

要注意选择在法律许可范围内的"武器"，如小学生削铅笔用的小刀，这样既能使自己逃脱，又不会将歹徒杀死。万一受到攻击时，可以按如下方法自救。

如果歹徒用右手抓住了你的左手腕，就刺他的右手腕内侧。受伤的歹徒只能用手按住伤口去看医生，你就可以逃脱了。

如果歹徒从侧面抱住你，而你拿刀的手靠近他的身体，可以刺他的大腿内侧。这是神经敏感区，他肯定会疼得放开你。

如果歹徒抓住了你的肩头、衣领、头发，或者扼住了你的脖子，就刺他的手臂、身体。

如果歹徒从背后抱住你，你的手可以活动，可以刺他的手背。

如果歹徒从前面把你抱起来，可以刺或划向他的颈部。

第 7 章 财产的保护

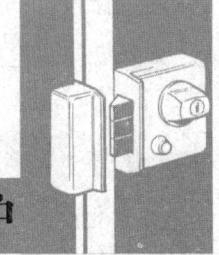

大多数关于自我防卫的定义只限于被攻击时对人身安全的防卫。然而，我们也可以为"自我防卫"赋予更广义的定义，将许多对人身安全进行防卫的大体原则，应用到自己的财产上，用来对抗那些可能会出现在现代家庭的自然或人为的危险。

居家的安全防卫

如果社会稳定，我们在自己家里本来都应该感到安全，但事实上，我们都暴露在直接针对我们财产的实际犯罪活动的威胁之中。不仅仅是我们的财产有丢失的风险；当自己的居家安全已经受到破坏时，我们也有被侵犯的危险。

评估一下自己所在地区的危险：例如，失业率高的大城镇上的犯罪率通常比乡村要高；窃贼动机也不同，有些窃贼找的是容易下手的目标，而有些则根据利益大小来选择目标。不管哪一种情况，都可以通过让自己的家给人以没什么值得偷的印象或者使窃贼难以进入，来降低使自己的家受到攻击的可能性。

> **专家提示**
>
> 大多数的窃贼会在入室盗窃之前"踩点儿"。可能是简单地从房子前走过，也可能是真正地接近过屋子。一名SAS队员只要检查晾衣绳就能确定屋子里住着多少人，而一个窃贼会根据其他物品做出评估：停在车道上的车的数量，或者屋子和花园的外部装修，通过将所有这些细节加起来得出一间屋子里财产数量的概念。

锁门窗

在门窗上装锁，并装上实用的警报系统可以阻止许多窃贼。窃贼必须通过门或窗子才能进入你的家。他们大多数不喜欢砸碎玻璃，因为他们害怕玻璃破碎时的声音会被人听见，但他们会用铁棒悄悄地撬开窗户，然后进入房子内。

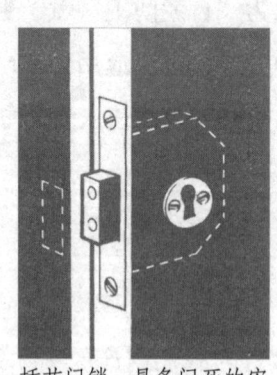

插芯门锁，具备闩死的安全功能，锁体插嵌在门内。

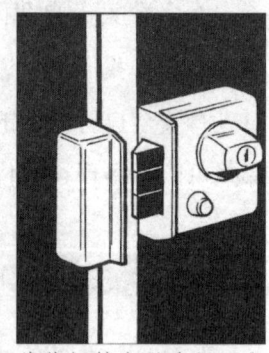

外装门锁也具有闩死和其他安全功能，但锁体安装在门的表面，所以更容易受到破坏。

装上简单的可以闩死的插芯门锁是保护自己家安全的最便宜和最好的方法之一，这能有助于防止窃贼。市场上有许多不同种类的锁，无论你房子的门窗是什么种类的，当地的专业的锁城应该都能给你一个好的选择。在装锁之前，建议考虑一下进入屋子的人。要考虑到，有些锁使用起来比较复杂，因而家中的儿童或老人可能不会用。

除了锁之外，锁链也是非常有用的。它能让你把门只打开几厘米和人讲话。

> "在为爱尔兰服务时，我经常因为安全原因被要求执行进入各种各样房屋的任务。为了完成任务，我使用了在美国买到的一套非常好用的开锁工具。虽然我已经能非常熟练地开锁了，但我发现最令人头疼的还是老式的死闩锁。"
>
> ——巴里·戴维斯

钥匙

钥匙是非常重要的东西，丢了可能会给自己带来很大的不便。有一把备用钥匙有时能解决问题，但是在将其给别人时要看看这个人是否值得信赖。

- 不要将备用钥匙放在显眼的地方。
- 永远不要在自己的钥匙上贴上地址的标签。
- 如果真的丢了钥匙，一定要换锁。

警报系统

到目前为止，防止入室盗窃最保险的办法就是为你的住宅安装警报系统。主要问题是要选择合适的警报器。多数警报系统都是通过一个控制盒工作，它会按照你的需要启动或关闭警报器。该设备通常安装在距离住宅出入口较近的位置。从这个控制盒延伸出一系列传感器和其他装置，它们遍布你的房间。如果警报器被触动，警报声就会从一个看得见的盒子（这个盒子一般安装在房间的前面）中传出，同时警灯也跟着闪烁。

购买警报器时要选择可靠的、便于操作的（儿童和成人都要会用），而且具备足够的灵活性的，以满足你的需要。至少要拿两份该系统的说明材料，向安全检验员询问系统的工作原理，以及该装置应该安装在房间的哪个位置。基本的住宅警报器要借助许多部件才能运行。

控制单元

控制单元通常靠近住宅的主要出入口，比如正门。该系统一般通过开关来控制，也可以通过钥匙来控制，当然，最好是设一个4位数的密码。警报系统一旦被设定，它会给你留出一定的时间，等你走出房门后再启动；当你进门时，它也会留给你一定时间，你可以在这段时间关闭系统。更现代的控制盒会提供几种不同的安全组合模式。比如，它可以使某些特定的传感器处于关闭状态，这样你就可以在房间的某个部分自由穿行；如果你住在楼上，又想确保楼下的安全，这一功能就非常实用。第二个较小的控制盒可以安装在主卧室，让警报系统得以运行。

磁力开关

磁力开关用在门窗等处，当呈两瓣状的接触器被击碎，开关就被启动。它们不是绝对地有效,职业窃贼能够轻易地避开该装置。它们通常设在进门处,以便能及时地激活警报系统的控制盒。

振动探测器

振动探测器能够探测到空气的突然变化。窗户被打碎或有人撞击某物时产生的振动,都会激活警报器。它们很敏感,从附近经过的重型车辆或铁路上火车的运动都可能激活它们。

运动传感器

运动传感器能探测到一定范围内的运动,可以用来侦测盗窃或抢劫活动。传感器的类型和使用的地点有所不同,可以覆盖一个房间或一定空间。警报系统一旦被设定,任何人进入它们覆盖的区域,警报都会响。单个传感器的监测范围类似扇面,我们可以设置其纵向侦测范围,以便于宠物等通过。运动传感器最好安装在房间的角落,而不要面向大的窗户。这类传感器唯一的问题是,只有当房间里有人闯入时,它才能被激活。

紧急按钮

紧急按钮价格便宜,可以与任何一种警报系统兼容。只要按下按钮,警报器就会被激活。最好将其安装在正门或床的旁边。在紧急情况下,老人或重病者可以启动警报器呼救。

远程呼叫

你可以将自己的警报系统与中央监控站连接起来。当警报系统被激活时,中央监控站会跟你联系,以确认警报的真伪;或者会派相关工作人员前去调查(注意:警察通常不是一接到居民的报警电话就立刻行动的,而是要确认确实有盗窃行为发生时才出动。这并不是警方反应太慢，而是因为假警报的数量太多了）。

你可以安装一个远程拨号装置，将其与警报系统连接起来；可以设定4个私人号码，即你的手机号码、工作单位电话号码、朋友和家人的电话号码。这样你就能在有人侵入你的住宅时及早发觉。如果你接到这类电话，应立刻报警。

老人

很不幸，许多老人成为被袭击的对象，由于老人的反击能力较弱，后果往往更为严重。许多犯罪分子将目标锁定为老人，因为他们认为老人往往藏有大量的金钱和财物。多数老人只在白天才外出，而且不会去太远的地方。基于这个原因，很多歹徒就在老人的家里袭击他们。通常，歹徒是为了钱财，然而也有许多老年妇女遭到强奸。很多情况下，如果歹徒没有找到足够多的钱财，他们会殴打老人，希望从他们口中问出藏钱财的地方。

为了骗出老年人的储蓄，歹徒所使用的诡计不胜枚举，而歹徒并不全都是男子，也有许多女人，甚至孩子。如果感到自己受到了威胁，并且有资源可用，就考虑安上一个警报器吧。

- 在确认陌生人身份之前，不要给他开门。

- 不要马上就相信不认识的造访者给你讲的任何故事，例如有人说你家水管坏了，而他们可以修理。

- 在自己家前门上安装某种紧急求救按钮。

- 把自己的钱存入银行。

- 如果自己还能活动,就带上一根手杖或长柄的雨伞。

- 如果可能的话,养一条狗:狗是一个好伴侣,而且能及早发现危险信号并发出警示。

- 与自己的家人和邻居建立良好的关系。

非法闯入的窃贼

大多数的住所是在白天或没人在家时被盗的。窃贼很容易就能判断出一个家庭的日常生活模式:丈夫上班,妻子送孩子上学然后再去上班或买东西——全国有一半的房子在上午 9~11 点是没人的。

窃贼通常会在闯入房子之前选一条不会被人看见的路线。这就是说,他会从一个"盲区"接近房子,通常是屋子的后面。有些老房子的隐藏式的外走廊使窃贼能不被发现,同时窃贼还有可能会用力推开前门。如果房子没有遮掩物,窃贼就可能迅速地以乱砸或掠夺的方式攻击你的家,例如,用砖头将最靠近他想要的物品(如电视机)的窗户砸碎。

窃贼想要什么?
- 钱和珠宝。
- 电视机。
- 音响系统。
- 古董。
- 照相机、电脑等。
- 信用卡和支票本。

> "几年以前,我在皇家空军的一个公开活动上帮忙。看台上很乱,难以查看是否有小偷小摸的现象。有两个年轻人来到看台上,而且他们明显想要偷东西,所以我故意掉过身去给另外一个顾客服务。当我转过身来时,两个年轻人正相互大笑着快步离去。我追上去抓住了他们俩,并将他们按倒在地,发现他们在看台上偷了一件价值 20 英镑的夹克衫,以及同等价值的其他几件物品。在等待警察到来时,我站着抓住他俩,用自己最大的嗓门叫着这儿有两个小偷。他们在大庭广众之下被羞辱的难堪比以后可能要受到的判决要重得多。"
>
> ——巴里·戴维斯

应对听见窃贼进入家中的情况。

- 如果是在夜间,开灯。

- 按下身旁的任何警报器。

- 去和睡着的孩子们待在一起。

- 如果独自在家,自己的房门有锁就锁上门,或者到可以上锁的房间里去。

- 试着打电话报警,并打电话给离自己最近的朋友(警方可能需要一定时间才能做出反应)。

- 武装自己。

- 不要与窃贼正面相遇。

- 他通常会试图尽快离开,不要试图去挡他的出路。

- 不要试图阻止他拿走你的东西。

- 如果看见窃贼，记下他们的外貌和衣着。
- 如果看见他们逃走时开的车，就记下它们的颜色、车型以及车牌号。

应对回家时发现有贼的情况。

- 如果怀疑自己屋里有人，就不要进去。
- 到邻居家求救。
- 不要惊扰窃贼。如果已经惊扰了，就离他们远点。
- 在警方到来之前，不要碰任何东西。

请记住：大多数窃贼在感到自己暴露时会逃跑。

家庭火灾

家里发生火灾确实很危险，而这种情况可能随时会发生。所有的火灾都应该被看作是你的敌人——它们会危及生命。起火需要3个条件：火源、燃料和氧气。火源可以是一粒火星或某种热量，而火源需要被应用于燃料（基本上是任何可燃的东西）上，材料越是易燃，着火速度就越快。虽然点燃了的燃料会自己燃烧，但真正助燃的是第三个条件氧气。少了这3个条件中的任何一个都能让火熄灭。

一旦火被点燃了，只要有燃料和空气，火就会自己燃烧起来。如果将火局限于一个房间内或一个狭窄的空间里，温度就会持续上升直至火势变大。在这时，大火会吞噬它所经过的任何东西。如果失了火房间中突然有大量空气涌入，火势就会突然变大。

大火燃烧的速度可能是十分迅猛的，整座房子可能会在几分钟内被吞没。陷入家庭火灾的人通常死于烟雾和有害气体，他们在火苗吞噬身体之前就已经死了。

　　安装烟雾警报器有助于预防火灾。它们并不昂贵，而且如果按照指示经常更换电池，它们可以用好多年。大多数警报器都有一个测试按钮，有些还有一个内置的闪光指示器，以给听力差的人警示。不要只是因为在星期天把午饭煮过头了，一屋子都是烟，烟雾警报器一直响就试图拿掉电池。

　　在厨房里放上一个灭火器以备不时之需永远是一个好主意。各种灭火器里面装着许多种不同的东西，用来对付不同的燃烧物质。例如，灌水的灭火器适用于烧着的家具之类，但对着火的电线就不管用了。确保自己为家里所选的是正确的灭火器，并且熟悉其使用方法。

常规的火灾检查

　　很多火灾的起火原因都是粗心大意或疏忽健忘。在自己出门之前或晚上睡觉之前最好做一下常规检查，尤其要看一下是否有潜在的火灾危险存在。

- 确保电源插座没有超负荷，特别是孩子的房间里的插座。
- 检查是否有衣服放在插着电源的熨斗下面。
- 在夜间关上电器并拔掉插头。
- 检查一下炊具和烤炉是否已经关掉。
- 熄灭任何燃烧着的蜡烛。
- 不要把任何如喷发胶一类的气雾剂罐放在发烫的东西上面。
- 不要在花园里靠近房子、木头栅栏和遮阳篷的地方生火。

- 拔掉电热毯的插头。

- 检查任何着火的气味并查出其原因。

- 点燃的香烟即使放在烟灰缸里,也必须掐灭。

- 深夜喝酒后不要吸烟。

- 在床上或感到疲倦时不要吸烟。

家庭消防演习

和自己的家人一起搞个简单的消防演习是一个不错的主意。检查整个屋子,看一下所有的门窗,想象火灾可能在什么地方开始,然后制定相应的逃生计划。

- 让每个人都知道烟雾警报器是如何工作的。

- 指出放灭火器的地点。

- 从屋子的不同地点开始练习,按逃生路线逃跑。

- 给每个人不同的任务,例如,相互检查家里其他人是否在不同的卧室内。

- 让某人负责照顾老人和小孩。

- 在外面安全区域设一个集合点,然后点名检查。

- 确保每个人都会拨打火警电话并知道应该说什么。

炸弹信件

虽然炸弹信件并不常见,但你还是应该考虑一下自己的生活方式或职业是否可能让自己和家人成为歹徒的目标。

- 永远要对未曾预料到的包裹或装得厚厚的信封保持警觉。
- 对任何重量与其尺寸不符的包裹都要仔细检查。
- 检查任何有杏仁或杏仁糖浆气味的包裹。
- 检查包裹是否有油脂渗漏。
- 不要折弯或打开任何可疑的包裹。
- 把它放在一个房间里不要碰,并在离开时锁上门。
- 立刻报警。

自然灾害

暴风雨

虽然不是每个地区都有飓风,但我们确实经历过大风和暴雨,它们可以造成与飓风相同的破坏。强烈的暴风雨的风速可达每小时150多千米,它的力量足以将大树连根拔起,并将有些房子的屋顶卷走。这样的风还可以将人和车辆刮起。不管你是在国外或国内,都应该在这类强烈的暴风雨来临之际,采取以下预防措施来保护自己。

- 留意早期的气象警报。
- 搬走任何松动的花园装备或家具:它们在暴风雨来临时可能成为危险的飞弹。
- 加固自己家里的所有门窗。
- 把汽车停在车库里。

- 检查一下自己的蜡烛和手电筒储备。

- 当强烈的暴风雨或飓风来临之际，如果有地下室最好待在地下室里。

- 用干净的容器或浴缸储备好饮用水。

- 确保自己的手机充足了电，因为电话线可能会被刮断。

- 准备好急救箱。

"1978年，我在阿拉伯联合酋长国的一次军事行动中执行巡逻任务。一天，我们在穿越崎岖不平和干燥的山区地带，停下来结束了一天的巡逻，在一个干枯的河床上扎营。大约在下午3点钟，信号机收到了一条信息，警告我们有山洪暴发。我们认为这一定是个玩笑：这片全是岩石的山区气温远远超过了50℃，所以我们对此不加理睬。大约2小时过后，我们都听到了一个奇怪的轰隆隆声，接着，一座大约半米多高的水墙朝我们迎面扑来。幸运的是，我们是在离河床还有几米高的地方扎的营，但我们所有人仍然被迫抓起自己的装备拼命逃跑，拼命抓住离自己最近的露出地面的岩层。真正危险的其实并非洪水的深度，而是其力量以及所夹带的大量泥石，它们可以将最强壮、最会游泳的人卷进洪水中并使其受伤。"

——巴里·戴维斯

洪水

从很大程度上来说，洪水是一场灾难。洪水使人们与外界隔离并确实造成了一定的破坏。洪水是可以预测的，而且，天气预报和当地的防汛部门会提前发出洪水要来的警报。居住在靠海地区或靠近河流冲积平原的人们受洪水袭击的危险最大。如果知道自己所居住的地区易发洪水，就到当地的市政办公室查一下发洪水的记录，然后做好准备。

- 检查淡水和食物的储备情况。

- 用沙袋堵住门。

- 关掉主要的电路和煤气。所有的水必须烧开，即使是自来水也不例外。

- 带上手机以备在真正的紧急情况下寻求救援和帮助。

- 如果当局要求大家疏散撤退，要听从指示。

- 当心因为洪水和下水道污水而引发的疾病和可能的卫生问题。

紧急情况下物品储备清单

虽然许多家庭里自然储存有这张清单上的大部分东西，但在你可能需要它们之前最好还是一一检查。

- 足够3天用的罐装食物。

- 塑料的饮食用具。

- 几个塑料的盛水容器，容器里要放上净化水的物质。

- 可随身携带的扎营炊具。

- 可携式灯、手电和蜡烛。几只可弃式打火机。

- 带盖子的大桶以及大量卫生纸。

- 急救箱。

- 大号的加固型箱包。

第 8 章 与车辆相关的安全防护

针对汽车的犯罪并不总是偶然的：作案者通常是年轻人，他们寻找的是可以迅速换成现钱的物品。在有些情况下，这些年轻人想驾着你的汽车兜风。

日常预防

藏好值钱物品

从安全的角度来看，汽车和房子一样，都有一个主要的缺点：它们都有窗户，而别人可以轻易地砸开窗户进入。建议千万不要将任何值钱的物品留在自己车内。如果不可能将值钱物品随身带着，就将其锁在后备厢里（后备厢也不是绝对安全的地方）。

即使是在开车时，也要避免将自己的手提包或值钱的东西放在前座上或者其他容易被抢走的地方。很多小偷都将开车的女性作为目标,趁她们等红灯之际实施袭击。

周期保养

现在大多数的汽车性能非常可靠,但是如果不认真对待它们,它们还是会出问题。许多人经常将自己车辆的保养委托给修理厂。尽管这样做并没错,但参加一个车辆保养的短期培训还是非常有用的。大多数的汽车修理院校都有这样的培训班。

基本检查

为了确保汽车运行的安全性,每星期做一下以下检查。

- 检查油量和水量。
- 检查所有的轮胎气压是否正常,不要忘记备胎。
- 检查自己是否有换轮胎所需要的所有装备,并且了解如何使用。
- 确保挡风玻璃清洗器的水瓶装满了水。在冬天的时候,使用水和防冻液的混合物。

如果车坏了

如果自己的车坏了,而且发现自己孤身一人处在偏远或自己不熟悉的地方,最好锁上车门然后待在车上,特别是在夜里。手机在这种情况下非常有用。车上最好有一个医疗急救箱,它不仅仅是给自己用的,而且可以给其他可能发生了车祸的人使用。

在陌生的地方

在交通高峰时段，开车穿过陌生的街道，如果自己对路线不太确定又没人帮助你，那会让人不知如何是好。如果你正好处于这种情况下，锁上车门，不确定自己是否安全时不要打开。如果有人试图拦住你，不要理睬他们。如果等红灯时遇上强行洗车者，而且不能用手势阻止他替你洗窗户，那就将窗户摇下几厘米，少给他一点儿钱。

请记住，如果必须开窗，就只开一条小缝，千万不要开到能让人把手伸进来开车门的程度。如果面临有人试图上车而自己又无法开车离开的情况，考虑一下用车上的物品击打他的手臂。通常情况下会有许多"武器"供你选择，如手电筒、螺丝刀或者重的扳手（所有这些都是汽车上合法的工具），而一罐除冰剂也能当作一件良好的威慑攻击者的武器。把它们放在你坐在驾驶座时触手可及的地方，但在你使用了这些临时性武器后，要记得证明自己行为的合法性。

停车

如果你将自己的汽车停在一个陌生的城市，一定要将它停在有人看管的停车场内。找一下哪儿有安全监控摄像头，然后尽可能停在它们的监控范围内，如果做不到，就选个灯光照射得很亮的地点。

如果可能，尽量不要将可以显示自己性别的物品留在车上。罪犯比较倾向于选择女性作为目标，所以，把诸如手提包、化妆品或女式服装之类的东西留在车上就等于将它们送人。

如果要回到车上去，就在停车场还有人看守的时候回去。将钥匙拿在手里，时刻准备好开车门。如果看见有一群年轻人围着自己的汽车闲逛，就找人帮忙。

如果在走回自己汽车的时候发现已经有人进过自己的汽车，那就停下来检查一下汽车。弯下身来看一下车底下是否有人，并且透过后窗户检查一下是否有人躲在车里。

> **专家提示**
>
> 无论在何时停车，无论将车停在什么地方，始终倒车停泊。这样可以让你跳上车就开走，比还要倒车才能开走快多了。

千万不要把车停在不允许停车的地方。如果你的车被贴了罚单或被拖走了会非常麻烦。如果你发现你的车已经被贴了罚单或拖走了，最好尽快去相关部门缴纳罚款，然后询问他们要多长时间你才能取回自己的车。

路怒

路怒这个词所描述的是一段时间以来一直存在的一个问题，它主要发生在开车人毫不理会公路上的其他车辆，引发交通堵塞或影响其他车辆前进。当一个驾驶员的行为干扰了另外一个驾驶员时，通常就会引起冲突。而且，近几年来，这样的争执逐步升级为对身体的攻击，甚至有人在冲突中丧命。

以下行为将有助于你避免在公路上引起他人的愤怒情绪。

- 安全、匀速驾车。
- 尽早清楚地表明自己的意图，譬如要左转。

- 跟在车流当中。

- 在正确的机动车道行驶。

- 避免有意识地引起堵塞,如将行人从支路放入车流之中。

- 不要强行并线。

如何处理路怒

如果看见其他车辆的驾驶员对着你打车头灯、按喇叭或跟你打手势,不要想当然地认为这是因为路怒。首先考虑一下他们是否在试图告诉你什么事。在路上时,其他车辆的驾驶员向你指出你的汽车可能有问题,而你却对此一无所知,这种情况是非常正常的。然而,如果自己受到其他驾驶员具有侵略性的骚扰,要注意采取以下行动。

- 如果自己确实有错,微笑着向他道歉。大多数人的怒气会因此而平息下来。

- 如果他们在你前面,减速以尽量和他们保持距离,要不就保持车速。

- 如果其他车辆的驾驶员和你并排开车,避免和他的视线相对。

- 不要做污辱性手势。

- 尽量避免停车。只有当驾驶员将各自的车辆停了下来并相互碰面时才可能发生争斗。

- 如果确实碰上塞车,确保自己车上所有的车窗关上、车门锁上。

- 发生冲突时不要从自己的车上下来,除非是发生了车祸,而且即使在这种情况下,也要保持冷静。

- 如果发现有人试图上自己的车,而且因为交通堵塞又不可能将车开走,那就按住喇叭不放,他们很快就会放弃这种行为。

汽车炸弹

汽车炸弹通常是安放在车下，驾驶座下面的位置。这种汽车炸弹的安放方法最简单，因为恐怖分子不用钻到汽车的发动机罩下。对这种攻击的唯一防御措施就是坚持不懈地保持良好的个人安全意识。

- 每次上车都要检查自己的车辆。
- 在发动机罩和后备厢上贴上一小条透明胶带，在上车前检查一下是否原封未动。
- 离开车之前一定要将其锁好，并确保车窗完全关闭。
- 检查车的遮阳篷顶是否紧闭。
- 如果可能，清理后备厢、仪表盘下的置物柜等地方。
- 用记号笔标出自己轮轴的固定位置。

如果可能，将自己的车停放在人员较多的公共场合。回到车上之前，执行以下步骤。

- 检查一下自己的车辆，但不能用手触摸。
- 检查一下车轮的弧度、鼓胀程度和挡泥板。
- 跪下来检查一下车底下。
- 检查是否有胶带或电线。
- 检查一下自己做的记号。
- 找一下发动机罩上、车门上或后备厢上是否有手指印。
- 透过车窗检查一下车内的情况。

第9章 旅 行

不论是在国内还是在国外，旅行都能让你领略到新的景色和环境的魅力。然而，旅行在让人感到兴奋的同时又使粗心大意的人面临着潜在的危险。其实，只要注意几点预防的常识就可以杜绝或大大降低在旅行当中遇到危险的可能性。

长途旅行或远足

长途旅行

如果打算驾车到陌生的地方做长途旅行，就要事先仔细计划自己的路线。使用最新的地图，并根据可能发生的修路或其他影响你出行的因素提前检查自己的出发时间（广播电台和电视频道的字幕服务以及公路管理机构会有这些具体信息）。

如果计划自驾车做一次长途旅行,一定要事先查询一下旅行路线。如果你的最终目的地是一个大城市或者国外的城市,那就考虑一下自己是否需要将车停在某个地方,以及停车地点离自己的目的地多远。尽量事先找一张自己目的地的地图,然后将这些确定下来。

远足

远足已经不再像以前那样安全了。报刊上经常登载有关搭乘陌生人便车的年轻人,特别是十几岁的女孩被杀的事件。如果自己旅行的唯一办法是靠搭便车,要注意以下事项。

• 不要上只有一个人的车。如果可能的话,搭乘坐着一家人的车。

• 选择在灯光明亮的服务站搭车。观察来来往往的人,然后询问他们去哪儿。

单身女性搭便车时要谨慎。

• 如果自己有钱,就主动表示愿意付钱搭车。

• 确保有其他人看见自己搭车。

• 不要在偏远的地区被人中途抛下。

• 如果不能确定搭车是否安全,就待在服务区内,然后打电话给自己的家人或朋友。

公共交通工具

出租车

如果自己打算在外面待得晚一些，就考虑为回程预订一辆出租车。预订可以使自己免于陷入困境，而且可以和出租车公司核实出租车的信息。如果是孤身出行的女性，就可以要求司机是女性。要坐司机后面的座位，如果他行为古怪或者想占你的便宜，就要求他在灯光明亮的地方或人多的地方停车。

地铁和公共汽车

夜间的地铁和公共汽车上可能有危险。要尽量避免在偏僻的公共汽车站点候车。如果乘坐的是一辆空车，就坐在靠近司机的座位上；如果是乘坐地铁，就坐在靠近警报器的车厢门口。如果看见有小流氓或醉汉和你上同一辆车，最好在下一个最安全的站点下车。等上几分钟坐下一班地铁可能是个聪明的选择。

随身携带的钱

在旅行中用钱的时候，注意以下事项。

- 随身只带当天要用的钱，把其余的钱放在安全的地方。
- 在国外时使用可以更换的旅行支票。
- 考虑系一条藏钱的皮带。
- 在高风险地区时，带一只里面只装少部分钱的假钱包。
- 始终带着办理信用卡挂失业务的部门的联系电话号码。

- 为自己的信用卡办理遗失和误用保险。

- 随身始终带着一张信用卡主卡以备真正急需时（如在国外生病时）使用。

手机

手机在任何紧急情况下都是非常有用的。手机带来的好处远远大于你对它投入的费用的价值。

- 在你发现自己在一个陌生的地方或城市陷入困境时，手机能为你提供联系他人的方式。
- 如果你感到自己受到威胁或看见自己觉得有问题的事情，就可以打电话求救。
- 可以立刻与紧急服务中心取得联系。
- 如果自己迟到了，可以用它给同伴、家人和朋友报个平安。
- 手机在所有的城市里都可以通话。

国外旅行

出国旅行在让人领略到外国的风景和文化的魅力的同时也会带来一定的问题。外出度假和旅行的人，特别是当他们去生活水平非常低的贫穷的国家时，他们会被肆无忌惮的当地人看作是快速致富的一种途径。旅行者们随身所带的照相机和诸如名牌服装一类的物品可能成为劫匪和窃贼的目标。

无论是因公还是因私出国旅行，注意一些基本的事项可以最大限度地减少出国旅行者可能面对的危险。

- 不要拿自己参观地区的文化和风俗习惯开玩笑。

- 着装要注意尊重当地的习惯，例如，在某些国家的宗教场合，不要裸露手臂和大腿。

- 待人谦和，保持友善的微笑，尽量不要引人注意。

投宿

你的行李在你到达目的地机场取出之前是非常安全的，但是，在那之后，你就需要将它放在自己投宿的宾馆或其他地方，而你的行李的安全程度则可能取决于你正在参观的是哪个国家。选一个好的宾馆应该可以确保自己回来时有干净的衣服穿。如果你在外出看风景时并未将值钱的东西随身带着，那就要保证将它们锁在宾馆的保险箱里。

四处走动

不要在一个陌生的城市里四处乱走，除非你知道自己所处的是一个安全的地方。如果你的邻居看上去有些不太可靠，外出时最好叫辆出租车。要保证自己始终乘坐证照齐全的出租车。

照相机和摄像机

不要公开地携带昂贵的照相机或摄像设备。把它们放在一个不显眼的包（如背包）里随身带着，然后只在需要使用时才拿出来。记住，要确保这样的包是牢固地带在身上的：如果只是简单地挎在肩上，就很容易被抢走。

孩子

如果自己带着孩子在一个陌生的城市或国家度假,要尽量和孩子待在一起。在人流量大的地方或繁忙的交通中转站是很容易和孩子走散的。根据孩子的年龄,我发现有一个小游戏很管用:当你们从一个地方走到另一个地方时,让孩子找一个明显的地点作为你们集合的地点,如果他与你走散了,他能够去这个地点(例如,麦当劳餐馆)等你。尽量选在人多的地方,而且每走大约200米就选一个新的地点。这样,如果你们走散了,你们始终有一个集合地点。

无赖和窃贼

现在的窃贼同以前已经不太一样了。19世纪,窃贼近乎传奇的用手技巧已经被野蛮的暴力威胁所代替——尽管有些窃贼仍然在非常成功地运用更传统的赃物接力转移方法。窃贼通常出没于人群拥挤的地方,以及钱币流通非常频繁的地方,例如,旅游者光顾的地点、赛马场、露天集市等地方。

毒品

不要尝试去吸食毒品。即使你觉得你在国外是真正自由的,你所做的事也可能会触犯当地的法律。

信任和友谊能带给人快乐,但是要留心那些有目的地接近你地"朋友"。千万不要将自称有朋友在你们国家的人的包裹或打包的东西带回家,他们的包裹中可能是毒品。试图夹带一定量的可卡因出关在有些国家是死罪。

女性旅行者

我们所看到的单独旅行的女性在外国被人杀害或受到性侵犯的报道越来越多,这是个令人担心的情况。在某些国家和文化环境里,人们将妇女作为二等公民,而且单身的外国女性很容易成为一些有不良企图的人的猎物。如果一个单身女性不遵守她所在国家的传统,或者炫耀她的着装,那她就很有可能被骚扰,而且有可能因此入狱。对要去的国家的文化和传统在旅行前进行研究将有助于使自己避开麻烦。

如果发现自己受到陌生异性的骚扰,可以向警察或一些中老年人求救。千万不要同意和一帮年轻人一起去他们主动给你介绍的"镇上最好的迪斯科舞厅"。

除非你有把握,否则就不要冒险一个人在夜间上街,因为一个单身女性在那种情况下非常可能被当作一名不良职业者。如果你想在外面待到凌晨,那就只能相信自己的直觉并保持和人群待在一起。

劫持和炸弹事件

尽管你遇上这两种情况的可能性很小,但并不是完全不可能。因此,了解一些注意事项还是有用的。

劫持

如果你不幸遇上了劫持事件,而且可能是在飞机上,那就需要注意以下几条。

- 不要引人注目。

- 不要试图向有关当局示警。

- 不要企图解除劫持者的武装。

- 不要和劫持者争论或向他们说教。

- 不要和他们的目光对视。

- 如果有政府部队对飞机展开攻击,要弯腰低头,待在自己的座位上。

炸弹

　　一个人发现自己所处的最坏的情形之一就是恐怖分子就在自己身旁引爆炸弹。

　　通常,警方会接到警告,说有炸弹将被引爆。这类警告并不能给拆弹小组足够的时间拆除炸弹装置,而只能及时地将人群撤离该区域。这就让恐怖分子得到了他们想要得到的效果——让人们惊慌和恐惧。

　　政府及有关部门在追踪恐怖组织方面所做的努力是卓有成效的,并且通过对制造炸弹者的逮捕,非常成功地制止了多起死亡事件。尽管如此,还是会有些炸弹漏网。炸弹事件通常经过精心策划,炸弹装置只有在安放炸弹的人离开该地区很久以后才会被引爆。每一个遵纪守法的公民都有责任提高警惕并将任何可疑事件立刻报告有关当局以制止炸弹事件。

- 发现任何可疑活动或可能是炸弹的可疑包裹就立刻报警。

- 不要惊慌或者做任何会引起他人恐慌的事情。

- 不要碰该装置,因为它可能有二级的触动式触发机关。

第10章 动物和昆虫的袭击

狗的攻击

被人袭击是一种情况,但这并非是我们在外可能遇到的唯一危险。我们还可能被狗攻击,而被狗攻击是非常可怕的,因为你没办法和一条狗讲道理。

狗会试图用爪子扒下它身前的任何障碍物后发起攻击,所以,用结实的棍子挡住它会有所帮助。狗发起攻击后会试图咬住你身体的一部分,通常是四肢。如果情况确实如此并且自己有时间,那就脱下自己的外套并用它包住自己的前臂,然后将这只保护好的手臂迎向狗。狗一旦咬住你手臂上的外套,你就抓住它的项圈,或者用石头或棍子打它的头。无论你对狗做什么,目的是确保使它失去攻击能力,否则只会让事情更糟。

如果有狗向你冲过来，要尽量阻止它的冲击势头，因为狗是想将你撞倒在地的。靠墙角站立可以避免狗将你撞倒，等到狗离自己一两米时再在最后一刻迅速绕过墙角，在移动时要面对狗来的方向。这样狗会被迫放慢速度以转过身来，此时你就可以好好利用这点优势了。

如果狗的主人不在场，而且自己没有其他的武器，可以试着张开双手并尖叫着直接向狗冲去。鉴于人体与狗的身体的大小比较，加上出乎意料的突然反击，狗可能也会因害怕而跑掉。

狂犬病

狂犬病现在已基本得到控制，但不幸的是，狂犬病在大部分国家和地区仍然普遍存在。尽管它可以通过多种受感染的动物进行传播，但通常它还是通过狗传染给人类的。被受感染的动物稍微咬伤一口，甚至只是被舔一下，都可能会被传染。如果不加以治疗，患狂犬病的人通常会死去，而且死得非常痛苦。即使是治疗过程也会让人觉得很痛苦。

如果你打算去一个狂犬病发病率较高的地区旅行，就要接种狂犬病疫苗。它会延缓狂犬病对你身体的感染速度（通常是30天）。

如果在高风险地区被任何动物所咬应采取以下措施。

- 尽快用肥皂和水洗涤伤口，但不要摩擦伤口。

- 用快速的流水除去伤口及附近部位的任何唾液，如将伤处放在自来水龙头下猛冲，或者将瓶子里的水浇在上面。

要确认是否受到了传染,至关重要的是立刻对受传染的动物进行检查,要尽一切努力捕获该动物或将它隔离以避免给其他人造成进一步的伤害,马上寻求医疗帮助并开始注射一系列的防狂犬病疫苗。在有些狂犬病多发地区,即使是人类也有可能带有这种病毒。

蚊虫叮咬

任何旅行者都不应该错误地认为最大的危险来自较大型的动物。幸运的是,绝大多数的大型动物、蛇和其他爬行动物跟我们一样不希望碰到对方。然而,在大多数的国家现在都存在小昆虫的问题。它们有些带有使人身体衰弱或致命的病毒,并通过叮咬传播。每个旅行者都应该有几种防御病毒的措施,而且必须善于利用每一种。任何昆虫的叮咬都有潜在的危险。

出外旅行时,要小心任何昆虫的叮咬。

蚊子

虽然在北极和气候温和地区的蚊子不是特别危险,但它们在热带地区却是致命的。它们可能带有疟疾、黄热病等的病毒。要尽一切可能防止被它们叮咬。

- 如果有条件,就使用蚊帐或频繁地涂抹驱蚊剂。如果条件不允许,就用手帕盖住裸露的皮肤,即使是用大的叶子也有用。

- 穿上长衣长裤,特别是在夜间。把裤管塞进袜筒里,袖口塞在手套或其他简易的能裹住手的东西里。

- 在特殊情况下,睡觉之前在脸上和其他裸露的皮肤上涂抹泥浆。
- 在选择休息地点和宿营地点时不要靠近沼泽地、死水或水流缓慢的水源。因为这些地方是蚊子的滋生地。
- 在营地的上风处生起一堆燃烧缓慢又多烟的火,让它一直烧着驱除昆虫。
- 在自己睡觉的地方周围撒上一圈已冷的灰烬可以阻拦大多数爬虫。
- 疟疾是没有免疫疫苗的,所以必须根据说明在有效期内使用防疟疾药物。

蜜蜂、黄蜂和大黄蜂

这些昆虫一旦被激怒都是非常危险的。蜂巢通常是土黄色的,椭圆形或者长方形,建在离地面3~10米高的地方。要尽可能避开蜂巢。如果有一群蜂受到惊扰,而你恰好

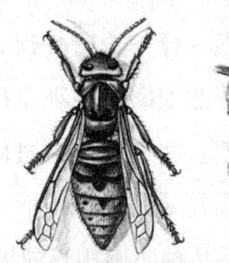

大黄蜂和典型的蜂巢。

离它们不远,最好静静地坐上几分钟,然后小心地慢慢爬开。如果你受到蜂群的攻击,要从自己能找到的最浓密的灌木丛中穿过,弹起的树枝可以打退昆虫。躲进水里是另外一种防御的办法。

蝎子和蜈蚣

这些生物虽然很普通,但却不是很常见,因为它们躲藏在倾倒的树干或石头下面。在野外宿营时,它们可能也会躲藏在被褥、衣服或者靴子里,而这时的它们才是最危险的。坚持将被褥、衣服或者靴子在使用前抖一下。只要不被打扰,它们通常不会攻击人,所以,在

翻动石头或者处理枯死的圆木时，要多加小心。被它们咬后有点儿疼，但一般情况下，只有被个头较大的咬了才会有致命的危险。冷敷可以减轻痛感。如果要将它扫掉或者打掉，必须顺着它行动的方向这样做。

蜘蛛

只有黑寡妇蜘蛛和其热带同种蜘蛛会对人的生命造成威胁。它们都是黑色的，带有红、白或者黄色的斑点。被任何毒蜘蛛咬上一口都同被毒蛇咬了一口一样危险。

水蛭

热带或者亚热带的森林低洼处经常会滋生大批水蛭，特别是在雨后。水蛭的叮咬会导致人身体不适和失血，它们还"开启"了传染的渠道。当你涉水淌过沼泽地或者水流较慢的水面时，每过几分钟就应该检查一下是否有这些害虫，因为你可能对它们的叮咬没有感觉。将尚未叮牢你的水蛭轻轻地弹掉，但千万不要拉它，以免让它的牙床留在伤口上，从而导致发炎。盐、草木灰和香烟可以让它们从你身上掉下去。如果你吸烟，可以将自己所有未抽完的烟草收集起来包在一块布里，布包弄湿后挤出来的溶液是一种有效的抗水蛭药剂。

处理叮咬时要挤压伤口以确保伤口的干净。只要停止挤压，血流马上就会停止了，但要尽可能长时间地留着伤口上的痂。值得一提的是，把裤管塞进用鞋带紧紧系住的靴子里可以有效地防止水蛭，特别是在有水的环境中跋涉的时候。否则，就应该尽一切可能准备简易的绑腿。

千万不要喝有水蛭滋生的水或者在里面洗东西，因为小水蛭可能会因此而进入你的嘴、鼻孔或者咽喉。如果发生这种情况，可以用浓度非常高的盐水漱口或者将盐水吸入鼻子中来除掉它们，以免导致严重的发炎。如果盐水使你呕吐，那就呕吐吧，因为这对你有帮助。

蛇

大多数人怕蛇，甚至一想到就害怕。事实上，我们的恐惧被大大地夸大了。真正有危险的蛇不到总数的10%，而且几乎所有这些蛇都会尽量躲开你。它们通常移动得非常缓慢，所以如果你跑快点也许可以甩掉它们。然而，基本上要避免毫无意义地惊扰、诱捕蛇或者将蛇逼入绝境，因为，蛇一旦被激怒咬人的速度就会疾如闪电。如果自己所处的是有蛇的气候温和的地区和热带地区，那就要小心了。

蝰蛇，欧洲北部地区唯一的毒蛇。

蛇咬后的处理方法

如果自己或者其他人被蛇咬了，必须迅速做出反应，但不要慌张。对蛇普遍存在的毫无理由的恐惧是导致危险的一个重要因素。被蛇咬后的处理主要有两个目的。

- 减少进入体内的毒液剂量，尽可能使它低于致命剂量。
- 减慢毒液在体内的循环速度，以便身体在吸收的同时有机会对付它。

任何形式的恐惧和惊慌（特别是当涉及剧烈动作时）都会立刻使心跳加速，因而加快血液的循环速度。应该特别强调的是，休息和平静是被蛇咬后最需要采取的行动，同时还要注意以下几方面。

- 确认被咬破的地方，然后用大量的清水清洗伤口。无论怎样都不要切开伤口，因为这样做只会增加毒液进入身体的机会。
- 不要企图将伤口处的毒液吸出，因为口腔黏膜很容易吸收毒液。
- 用绷带在伤口上方扎紧，然后向下包扎到伤口。一定要扎紧，以阻止有毒血液的回流，避免毒液在身体内部循环。与此同时，还要注意不能阻止动脉血液对伤口的供应。正确扎紧绷带应保证两点：绷带下仍然有微弱的脉搏，绷带下方的血管是肿胀的。

扎上绷带后，伤口会流血，对此不用担心。流出的血液可能会带走伤口上的部分毒液。下一步是确保将被咬部位尽可能放得比身体的其他部分要低。条件允许的话，在肢体上绑上夹板（将它固定可以减少任何因肌肉运动而引起的血液快速流动的可能性），然后将该部分浸入冷水中（越冷越好），这会进一步减缓血液的回流。

应该持续保持心神安宁，这也会降低危险，并因此而降低休克的严重程度。如果15分钟过后，被咬的部位仍然没有疼痛和肿胀的感觉，不头痛，也不口干，那么就不是被毒蛇咬了。

水中的危险

鲨鱼

鲨鱼除非受到惊扰，否则一般不会攻击人。然而，它们具有很强的好奇心，因而会探究在它们附近的任何物体。如果你发现自己正在穿过的水域有大量的鲨鱼，尽量遵循以下建议，以避免激起它们的好奇心。

- 尽可能保持安静。

- 除去身上任何发光发亮的物品，如珠宝或者手表（在鲨鱼看来它们可能像小鱼）。

- 平静地游动，尽可能减少会惊扰它们的动作，不要溅起水花。在这种情况下，采用平稳的蛙泳要比自由泳安全得多。

- 千万不要让自己出血，因为这会导致鲨鱼发起攻击。

水母

被水母刺一下是很疼的。这本身就是一个严重的警告，但主要的威胁是刺伤可能引起抽筋，这即使对最强壮的游泳者也能造成危险，而且，刺伤还可能引起呼吸道痉挛。如果知道自己所处的水里有水母，明智的选择是在游泳时穿上衣服，多少能起到点保护作用。

僧帽水母。

其他鱼类

有许多长刺的鱼是有毒的，它们的刺主要长在体外。石鱼和蟾鱼是其中的两种，它们生活在珊瑚丛中和浅水区。在欧洲，值得一提的是织网鱼。通常，我们建议大家注意不要触摸或者食用任何长刺的、形状古怪的或者长得像盒子的鱼。在确认它们无害之前，要小心地对待在暗礁旁或者热带水域里发现的任何东西。被任何有刺的水生动物刺上一下都应该像被蛇咬后一样处理。

第11章 急 救

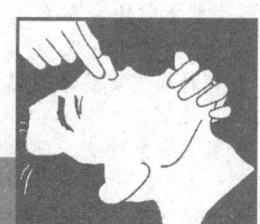

急救的范围非常广泛,下面所提到的方法主要针对的是外力造成的伤害。你可能并没有卷入直接的冲突,但有人受伤的话你应该予以救助。但在帮助伤者时,有一句话要提醒你:如果伤者喝醉了并且不合作,那就找人来帮忙;如果他们强烈反抗,那就不要再去管他们了。在这种情况下,如果你想要坚持的话,他们可能会对他们自己或者你造成更大的伤害。

在很多时候,人体的伤害可能是由一人或者多人多次造成的。一旦对急救的需要做出了评估,应该优先处理重伤员。伤者本身的情况会给你指引方向。不管情况怎样,应始终记住这些大致的规则。

- 保持冷静。不管伤者伤得多重或者情况多危险,惊慌会影响你清晰思考的能力，因而降低自己的效率。

- 不要浪费时间，要记住，时间就是生命。
- 避免让自己受到任何不必要的伤害。这不是胆小，如果你受了伤，那你就不能帮助任何人了。
- 在行动之前要仔细思考，但一定要快。
- 努力安慰伤者，使他们安心。
- 请其他人，特别是有医疗资质或者有经验的人员，帮你应付当时的情形。

初步检查

在对每个伤员进行诊断时，要充分地运用自己的感官。

- 问。
- 看。
- 听。
- 闻。
- 思考和行动。

在紧急情况下，要先确定以下几点。

- 伤者的呼吸道是否畅通。
- 伤者有呼吸能力。
- 伤者有脉搏，没有动脉流血现象。
- 颈部受伤的人员没有被移动。

如果伤者还有知觉，对气管和呼吸道的检查就不是必须进行的了，这时检查可以从和伤者的谈话开始。要求他们描述一下自己的症状，并让他们告诉你他们自己认为哪儿有问题。

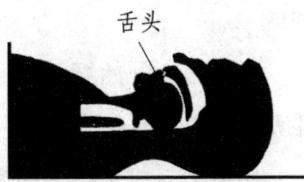

伤者失去知觉时，可能是因舌根下坠引起了呼吸道阻塞。

呼吸道

当伤者仰面朝天躺着、毫无知觉时，他的呼吸道可能被异物（如呕吐物或假牙）所堵塞，或者是由于失去知觉时其头部的位置不适而导致的舌根下坠引起呼吸道堵塞。在检查时，可将自己的耳朵紧贴他的嘴，并看着他的胸部，如果你听不到任何声音也感受不到他的胸部起伏，就必须采取行动以保证他的呼吸道畅通。

一只手向下按伤者的前额，另一只手轻轻抬起他的后颈部。

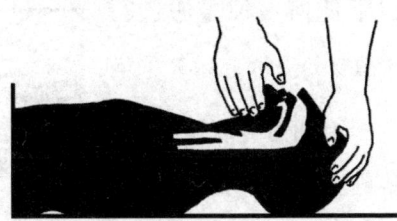

一只手放在伤者的前额，另一只手轻轻向上推他的下巴。

①在向下按住他前额的同时轻轻抬起他的颈部。

②一只手放在他的前额，另一只手轻轻地向上推其下巴——这可以让舌头移动。此时再听一下他的呼吸。

③如果他仍然没有呼吸的迹象，将其头部转向一侧，用两根手指擦去他口腔内的任何残留物。一定要小心，注意不要将任何东西更深地推进喉咙。

④将他的头部转回正常位置，然后再听一下呼吸。

呼吸

如果伤者开始恢复呼吸，马上将他们按恢复姿势放置。如果他呼吸沉重或者有杂音，再次检查其口腔内是否有残留的阻塞物。

如果在完成了以上检查后伤者仍然没有任何呼吸的迹象，问题就可能出在伤者的循环系统，即心脏已经停止向全身输送血液。那么，就像"心肺复苏术"部分解释的那样，你首先必须让伤者呼吸（不管是否有脉搏）。

循环系统

检查伤者的脉搏可以判定他的心脏是否还在跳动。这可以通过以下任何一种方法进行检查。

- 用指尖沿着伤者喉结的一侧向后颈部轻轻滑动，直到能感觉到一条软软的凹槽。轻轻地按住此点。

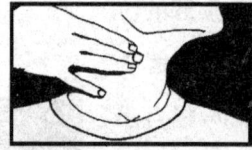
用指尖沿伤者喉结的一侧向后颈部轻轻滑动。

把指尖轻轻地放在伤者腕关节后1厘米处。

- 把指尖轻轻地放在伤者大拇指一侧的手腕前部距腕关节大约1厘米处。

如果伤者有脉搏，就将其按恢复姿势放置。如果感觉不到有脉搏，那就需要急救。

马上采取行动

如果你感觉不到伤者的呼吸或者他没有脉搏，那就必须立刻采取行动。没有呼吸或者血液循环，氧气就不能到达脑部，那么几分钟后就会造成伤害。如果你附近有帮手，叫他打电话给急救中心。如果只有你一个人在伤者身边，又不能在30秒内叫来帮手，就必须自己动手照顾伤者。

心肺复苏术（CPR）

CPR 是使呼吸已经停止或者心脏已经停止跳动的人"复活"的较好方法。这包括两个步骤，一是辅助换气以恢复呼吸，另一个是胸部按压以恢复心跳。

警告：千万不要在伤者心脏还在跳动或者还能感觉到脉搏的时候进行按压——这可能会让心跳停止。

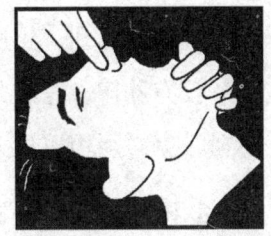

将伤者下巴拉开，捏住他的鼻孔。

CPR 的技巧如下。

①让自己的位置处于伤者胸部的一侧。

②将伤者头部后倾露出颈部，同前面检查呼吸道时的方法一样。

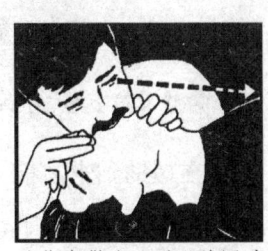

为伤者做人工呼吸的同时观察他的胸部是否鼓起。

③尽可能将伤者下巴拉开，然后用手指捏住他的鼻孔（见右上图）。

④嘴对嘴封住伤者的口腔（可以用手帕作为过滤器），平稳地吹气直到可以看到他胸部鼓起（见右下图）重复4次，然后测一下呼吸。不管他是否有呼吸，再测一下脉搏。如果伤者有了一点儿脉搏，而且开始呼吸

了,那就将他按恢复姿势放置。

注意:如果伤者嘴部受伤不能进行人工呼吸,可以用鼻孔代替。用大拇指封住伤者的嘴,将自己的嘴对准他的鼻孔,然后按上面介绍的步骤操作。

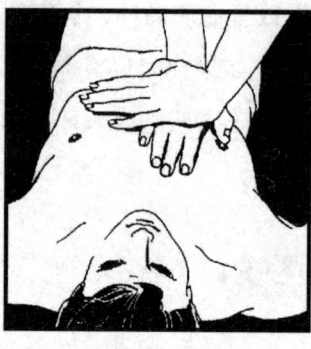

双手交叠,放在伤者胸部中央。

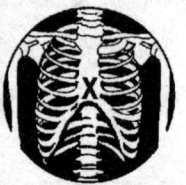

图中标记处即按压的位置。

没有脉搏,呼吸是不会恢复的。如果在这个时候伤者仍然没有脉搏,就必须用以下方法按压他的胸部。

①双手交叠,放在伤者胸部的中央。

②挺直双臂,尽可能垂直,按压15次,每次按压间歇半秒钟。按压时不要太用力,只要能将胸部按下2-5厘米就足够了。

③接着按上述方法做2次人工呼吸。

在援助到来之前,要持续为伤者做胸部按压和人工呼吸。

CPR 胸部按压与人工呼吸的比例

多人实施 CPR

如果有两个以上的人处理伤员,应该由两个人实施CPR,其中一人实施胸部按压,另一个人做人工呼吸。

- 按照5次胸部按压接1次人工呼吸的方法连续做。

如果只有两个人救助伤者,在实施CPR之前派一个人去求助。

单人实施 CPR

- 按照 15 次胸部按压接 2 次人工呼吸的方法来做。做 4 个组合后再测一下脉搏和呼吸，然后每 3 分钟测一次。如果脉搏恢复了，只需要继续做人工呼吸，直到伤者自己能呼吸。

如果在专业救助到来之前伤者已经恢复了呼吸和脉搏，将其按恢复姿势（见本页图）放置。但这种情况发生的可能性不大，所以在伤者恢复呼吸之前必须继续做 CPR。

恢复姿势

通常，如果一个人失去意识，但仍然有呼吸和一定的心跳，并且没有其他需要立刻处理的伤害，就应该按照恢复姿势放置。这个姿势最安全，因为它能最大限度地降低呼吸不畅的风险。后倾的头部保证了呼吸道的畅通；面部向下的姿势可以让任何呕吐物或者其他液体的阻碍物从口腔中流出；伸展的四肢可以使身体保持自然的姿势。如果由于骨折或者其他原因不能适当地安放伤者的四肢，就用卷起来的衣服或者其他可以做垫子的东西让伤者靠着，保持这一姿势。

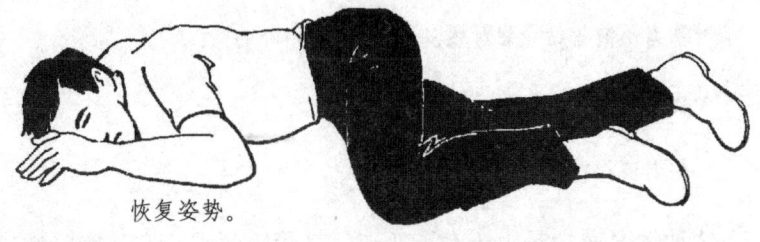

恢复姿势。

警告：如果有以下情况，不要采用恢复姿势。

- 伤者的脊柱可能受伤了。

- 伤者没有失去意识或者不可能失去意识。

具体步骤

①跪在伤者旁边，将伤者的双手放在他身体两侧。

②抓住伤者臀部的衣服，轻轻地将伤者翻过身来转向你。

③将伤者一侧的手臂和腿向外移动，弯曲肘部和膝盖，不要让其平躺。

④将伤者另外一只手臂伸直放在靠近身体的一侧。

⑤将伤者头部转向弯曲的手臂。

⑥令伤者的头部稍微后仰，以确保其呼吸道畅通。

⑦检查伤者的气管是否畅通，并且保持对他的照看。

窒息

任何出现严重窒息迹象的人都需要立刻进行急救。这些迹象可能包括如下几种。

- 伤者不能说话或者呼吸。

- 皮肤发青。

- 伤者抓住自己的咽喉。

这种情况通常是由于有东西卡住气管因而阻止空气顺畅地进入

肺部而引起的。

措施

首先要将阻塞物清除。如果伤者尚有意识，就鼓励他将它咳出来。如果这样做无效，检查他的口腔内部，看是否可以用一根手指清除阻塞物。如果窒息现象没有缓解，应该试一下利用拍击背部和挤压腹部将阻塞物振动出来。

拍击背部

① 帮助伤者将身体向前弯曲，使头部低于肺部。

② 用手掌根猛拍伤者两侧肩胛骨之间的位置。如果必要，可以再重复拍击3次。

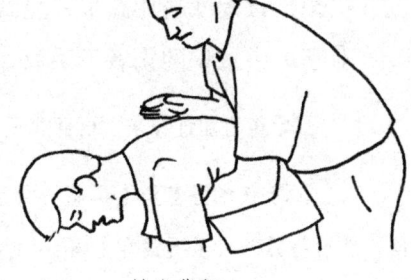

拍击背部。

③ 检查伤者口腔内部。如果阻碍物已经松动，就将它清除。

④ 如果阻塞物还未松动，试着利用挤压腹部所产生的气压将其清除。

挤压腹部

如果伤者没有失去意识并且能站直可采取如下措施。

① 站在他身后，用自己的双手搂住他的腰部。

② 一只手握拳并用大拇指顶住他的腹部，确保它放在伤者的肚脐和胸骨下端之间。

挤压腹部。

③将自己的另一只手放在拳头的上面。

④用力向后挤压伤者腹部。如果必要，就这样做4次。每次挤压后暂停一下，准备清除从其气管中排出的任何东西。

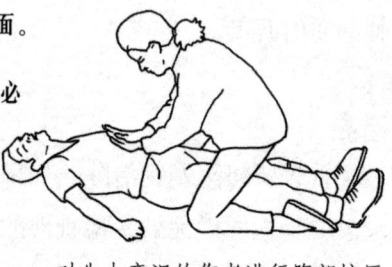

对失去意识的伤者进行腹部按压。

如果伤者仍然处于窒息状态，重复4次拍击背部或挤压腹部，直到清除阻塞物。

对于失去意识的伤者可采取如下措施。

①令伤者翻过身来，面部朝天。

②跨坐在伤者身上，将一只手的掌根放在他的肚脐和胸骨末端之间，然后将另一只手再放在上面。

③如上述介绍做4次挤压。

如果阻塞物还是不动，而伤者又停止了呼吸，就要给他做人工呼吸和胸部按压。

外出血

如果有人被武器袭击或被狠狠打了一顿，就会流血。此时应该尽快止血，但要记住，无论什么时候都应先观察其反应，检查其呼吸道、呼吸和循环系统。

直接按压和抬高

这种治疗的目的在于减慢血液流失速度或者止血，直到身体的自我防御系统做出反应。如果失血得到控制,血液会相对较快地凝结,而且,虽然完全切开的血管如果不加治疗,可能会大量流血,但它往往会逐渐收缩、合拢并缩进周围的组织里。有时,在完全没有任何帮助的情况下,伤口就能停止出血。

按压

- 将一块止血敷料放在伤口上,然后用手轻轻地但有力地按住。敷料最好是消过毒的。如果没有消毒敷料,用干净的布也可以。
- 如果没有可以直接使用的敷料,那就用自己的手盖住伤口。在必要的时候,将伤口的边缘轻轻地挤到一起。使用的敷料必须大到可以覆盖伤口和伤口的周围。
- 如果血渗透了第一层敷料,就在上面再放一块,如果需要,就在第二块上再加第三块。
- 用绷带扎紧,用力要均匀。要十分小心,绷带不能扎得太紧(例如止血带),否则会阻碍血液的流动。

如果伤口较大,而手头又有合适的敷料,需要将伤口的边缘聚拢,然后用敷料堵住伤口。如果要给很大的伤口止血,可以将敷料做成垫子,然后将它按在伤口流血最厉害的地方。如果伤口里有什么尖利或突出的残留物,就在它周围放上敷料,保持原样。

安心休息是治疗过程中至关重要的一环,因为它可以减慢心跳的速度,从而使血液在体内的流动速度变慢。因此,伤者应该躺着接受治疗。

抬高

如果伤者的伤势没有加重,最好将他受伤的肢体抬高到他感到舒适的位置。这可以减少流向受伤肢体的血液，因而有助于减轻伤口的失血现象。应该在扎绷带之前就这样做。

间接按压

如果采用了以上方法以后仍然不能止血，就必须考虑按压的点是否正确。有必要识别一下外出血的类型，因为按压只能用于止动脉血。

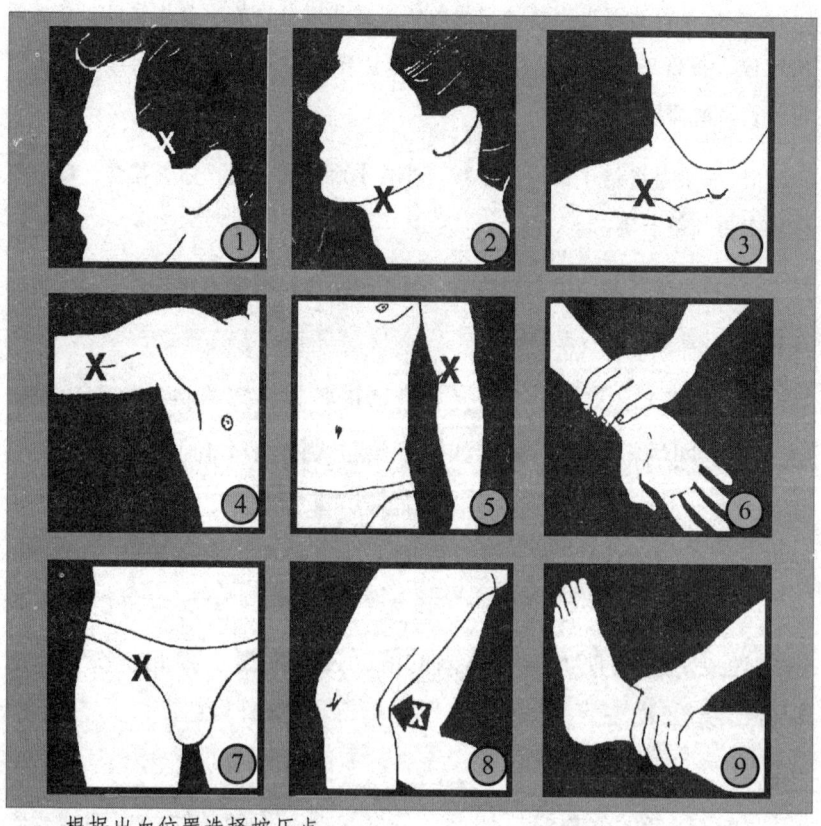

根据出血位置选择按压点。

- 动脉血呈鲜红色,并会伴随心脏的跳动喷出。
- 静脉血呈暗红色,血流平稳。

出血动脉上方靠着骨头的部位就是按压点。不同的伤口位置有不同的按压点。

伤口位置与按压点。
- 颞颥或者头皮上出血:耳朵前面或者上方(见上页图①);
- 眼睛下方的面部出血:下巴两侧(见上页图②);
- 肩部或者上臂出血:锁骨上方(见上页图③);
- 肘部出血:上臂内侧(见上页图④);
- 前臂出血:肘内侧弯曲部位(见上页图⑤);
- 手上出血:手腕内侧(见上页图⑥);
- 大腿上出血:腹股沟部位(见上页图⑦);
- 小腿上出血:腘窝部位(见上页图⑧);
- 脚上出血:脚腕(见上页图⑨)。

在运用按压点止血时,要充分利用技巧更有效地对伤口进行包扎。

按压的运用技巧

针对动脉的按压技巧如下。

①当伤者躺下后,用手指或者大拇指按住按压点,用力将动脉按扁止住流血。

②重新包扎伤口。

③至少按住按压点10分钟,让血液开始凝结。但不能超过15分钟,否则按压点下面的组织会因为失血而开始受损。按压时间不能超过15分钟是一个基本要点。

自救

尽量从思想上做好应付这种不太可能但又会发生的情况的准备。即自己受伤了，神志清醒且独自一人时要尽量准备好自救，遵循以下步骤。

- 躺下休息，如果可能，就找个能遮风挡雨的地方。
- 对自己的伤口实施直接按压。将一块敷料（不管是否消过毒）放在伤口上。
- 用绷带紧紧扎住伤口，以不压迫血液循环为限。
- 尽可能抬高伤处。尽可能保持平静以减轻伤痛。

休克

休克是疾病或者受伤所导致的结果，它减少了血液或者其他液体的流量，导致身体虚弱，通常被称作创伤性或者受损性休克。一旦休克是很严重的，即使是在身体的伤害已经得到处理后也可能致命。极度的疼痛和恐惧也可能产生休克症状，但这种情况下伤者通常能自己苏醒。

休克的原因

失血或者失去其他体液而产生休克的原因如下。

- 因为外出血或者内出血而失血。
- 因为严重的烧伤而失血。
- 心脏病。

- 因为肠梗阻而失水。
- 阵发性呕吐。
- 严重腹泻。
- 脱水。

休克症状。
- 身体虚弱，感到晕眩，可能同时还坐立不安、心绪烦躁。
- 可能会有生病了的感觉或者想呕吐。
- 口干。
- 皮肤发冷、发黏和苍白，可能还会出汗。
- 张开口大喘气，呼吸浅而急促。
- 脉搏因为失血而加快并减弱，有时还变得不规则。可能在手腕处完全感受不到脉搏。
- 如果不加以治疗就会失去知觉。

休克的治疗

通常，休克了需要输液，因而需要专业的救助。你能提供的帮助包括如下几种。

- 使患者躺下，并尽可能轻轻地抬高他的双腿（以伤痛能承受的程度为限）。
- 包扎所有的伤口。
- 使患者保持温暖和舒适，尽可能使他减少移动、减轻疼痛。
- 观察患者是否丧失反应。
- 如果患者神志清醒，只能让他喝几小口水。

心跳停止

心脏停止跳动后,因为血压降到零后产生脑部缺氧,人只需15~30秒就会失去知觉。你还可能遇到因为伤痛发作和呕吐而引起的肌肉痉挛。

心脏为何停止跳动

交感神经抑制和心室颤动是心脏停止跳动的两大原因。

交感神经抑制

交感神经的功能之一是控制心率。它将心跳控制在休息时大约每分钟60次,而在进行其他活动(如身体锻炼)时,可以适度调节。对该神经的过度刺激可以导致一定幅度的心跳减缓或者彻底停止。

无论是因为身体的疼痛或者严重的惊吓、按住颈部的某个部位,还是拳打脚踢前胸下部引起的休克,都可能引起交感神经的功能异常。

对胸部的拳打脚踢,或者击打颈部的某个部位,在打斗当中是最有可能发生的事情。这种情况可能是非常严重的,如果有人在这种情况下确实失去知觉,至关重要的就是立刻检查他们的呼吸道、呼吸和循环系统。

心室颤动

当心室由于心肌过敏而开始以每分钟400次的速率收缩时,就出现了心室颤动。心室颤动时,心室肌纤维只是颤动而不能形成协调有效的收缩。由于此时没有血液泵出心脏,因此血液循环也就停止了。3~4分钟后，因为大脑停止工作人就会死亡。

　　心肌过敏通常是由心绞痛或者之前的心脏病引起的。有时，心绞痛是一个警示。因此，如果有人在锻炼时出现心绞痛等症状，就必须立即休息。

　　如果发生心跳停止的情况，就不能浪费任何时间。一旦心脏停止跳动，在大脑受到不可逆性损害之前，你只有2分钟时间，除非能恢复对大脑的供血。4分钟以后，心脏将永远不会再次跳动。因此，至关重要的是思路敏捷、保持冷静，并立即开始恢复治疗。只有专业的帮助可以解决问题，因此，不要迟疑，立刻求救。